Hervé Maillocheau

Fascicule 8

# Très humbles remarques nouvelles
# sur la langue française
# et sur sa corruption moderne

ou

ce qu'il faut dire et écrire

et ce qu'il ne faut ni dire ni écrire,

tant sur le plan phonétique, phonologique,
orthographique, morphologique, syntaxique, lexical

que sémantique ou logique !

« On a toujours tort contre la grammaire »
Gustave Flaubert à Louise Collet

« Ni laxisme, ni purisme »
Devise de l'Association
pour la Défense de la Langue Française

«Or, la langue n'est pas qu'un outil.
Elle est la chair de la nation.

« Maltraiter la langue , c'est blesser cette chair,

la déchirer toujours plus »

« La grammaire est le liant des idées.

Elle lie aussi les hommes entre eux, les unissant

en une nation

et à leur histoire.

La grammaire est politique.

L'histoire de la France et de son peuple se

condense dans sa langue, qui en est le précipité.

Les liant à leur histoire,

cette langue lie les Français entre eux :

elle est une certaine façon d'être ensemble.

Et enfin, elle est, à travers son vocabulaire

et sa syntaxe,

un certain regard sur le monde.

L'ensemble de ces significations forme

ce qu'on appelle

la civilisation française. »


Robert Redeker, philosophe.

# Remarques liminaires

1)   On a eu l'audace de reprendre, en le modifiant, le titre du fameux ouvrage de référence du grammairien improvisé que fut Vaugelas au XVIIe siècle, *fixateur du bon usage*, tout en prenant la liberté de ne le consulter jamais, mais plutôt d'étudier *in vivo* le style et les expressions que les lycéens, d'une part, et les media ou les hommes politiques, de l'autre, ont accoutumés d'employer, pour le meilleur et, bien plus souvent, pour le pire.

Voici en effet un assortiment varié de divers pataquès, incongruités, pléonasmes, fautes, solécismes, paralogismes et autres barbarismes dont les locuteurs francophones de ce début de millénaire doivent s'efforcer de se défaire de sorte que leur expression, tant écrite qu'orale soit plus élégante, plus précise, plus exacte, plus logique. Et que soit ainsi préservé le génie millénaire de la langue française, langue de très grande culture s'il en fût jamais !

En outre, et dans le même propos, on a cru expédient de réexposer quelques règles élémentaires ou plus complexes. Et quelques curiosités divertissantes dans l'espoir que la lecture de ces quelques pages évite autant que possible les effets d'une tisane dormitive, pour citer une lycéenne qui renâclait à découvrir les 350 citations latines par ailleurs proposées !


2)   Les remarques sont d'ordres variées et relèvent de diverses spécialités linguistiques :

-phonétique : étude de la prononciation des phonèmes, lesquels résultent du choix de chaque langue parmi un millier de possibles.
-phonologie : étude de la combinaison entre eux des phonèmes pour former des mots (premier niveau d'articulation de la langue).
-orthographe : ensemble des conventions présidant à la transcription écrite des phonèmes (par définition oraux).
-morphologie : étude de la forme des mots (variations en genres et nombres, désinences, suffixations etc.)
-syntaxe : étude de l'agencement des mots dans la phrase (deuxième niveau d'articulation de la langue).
-sémantique : étude du sens des mots et des énoncés en contexte.
-lexicologie : classement et définitions des mots dans le dictionnaire.
-logique : *stricto sensu* : partie de la philosophie posant les principes et les règles d'un énoncé valide. *Lato sensu* (ici) : effort

pour produire des énoncés conformes au bons sens et à la raison.

3)      L'illustration de couverture représente les armes du royaume des Pays-Bas et d'abord de la Maison d'Orange-Nassau, d'origine française et régnant toujours sur lesdits pays. Leur illustrissime devise ne saurait évidemment se traduire ni en néerlandais ni en frison ! Ne pas manquer de prononcer le futur correctement (é) : cf. article « Effacement... ».

Le premier exergue était adressé par le redoutable Flaubert à une sienne maîtresse, laquelle se piquait d'écrire des vers. Etrillée avec alacrité par son amant pour ses pataquès et autres solécismes dans des dizaines de lettres sanglantes !

La phrase, lapidaire, peut paraître un peu catégorique au Narcisse qui sommeille en nous. Mais Flaubert veut nous dire que nous ne pouvons, pauvres mortels, contrevenir sans dommage aux conventions de la langue qui sont le fruit de l'histoire et de l'affinement de la syntaxe, produit du travail des grands écrivains modernes. En d'autres termes, si tout le monde se permet de recréer sa propre langue, nous ne pourrons plus comprendre ni nos contemporains, ni, a fortiori, les écrivains des siècles qui nous ont précédés. Bref, la langue s'impose à nous comme un legs immatériel et sacré, dont nous sommes redevables aux générations précédentes et comptables aux suivantes. Elle est la substance même de notre identité, comme le rappelle R. Redeker dans la troisième citation.

Quant au second, rien ne vous interdit d'adhérer à l'association dont c'est le principe ! Et le troisième offre une mine inépuisable de sujets de dissertations !


4)  <u>L'astérisque (*) antéposé à un mot ou à un énoncé indique usuellement en linguistique que le mot ou l'énoncé n'est pas recevable et doit donc être prohibé.</u>
Si l'astérisque est placé en fin de mot, il indiquera que la définition se trouve ailleurs dans ce fascicule ou dans un autre, conformément à un autre usage de ce signe.


*****************************

# A

## Accords erronés / Accords tolérés

- « *Tout le monde préfèrent les blondes ». Cette faute semble moins fréquente quand elle s'entend : « *Tout le monde vont au match. »

- En revanche, il est convenu de considérer comme licite « la plupart des lycéens adorent les maths. ». L'accord est fait selon le sens (accord appelé syllepse) et non selon la syntaxe pour « la plupart des lycéens adore les maths ». Idem : la majorité des candidats n'ont pas proposé (n'a pas proposé) cette solution. ».

- « *Beaucoup de personnes mangeaient des frites. Ils les arrosaient copieusement de Ketchup. » Faute aussi grave que fréquente : le nom *personne* n'est pas neutre (donc masculin en français) mais féminin (pluriel ici) ! On ne saurait donc le pronominaliser par « ils » !

# Accroire

Verbe (uniquement à l'infinitif dans la tournure factitive[1] faire + inf.) à tort considéré comme archaïque et signifiant « faire croire à tort que ». On avouera que la forme ancienne est plus économique et qu'on devrait en rétablir l'usage : « Vous voudriez nous faire accroire que la France va mieux ! ».

# Aller + participe présent

En registre soutenu, vous disposez d'une forme verbale marquant l'aspect duratif-progressif, composée du semi-auxiliaire « aller » suivi du participe présent (uniquement ou du moins préférentiellement pour certains verbes comportant par eux-mêmes l'aspect progressif, ainsi renforcé) :

- «J'ai fait un rêve : le chômage allait décroissant, la production et les salaires allaient augmentant, les impôts baissant, le déficit diminuant, la dette s'abolissant et la France se redressant. »

- « L'enfant allait hurlant qu'on lui rendît son nounours. »

---

[1] Tournure comportant le semi-auxiliaire faire suivi de l'infinitif pour indiquer une action que le sujet confie à un autre.

-Cette forme équivaut à la forme anglaise « be + verbe en ing ». Mais d'un usage plus rare et plus choisi.

## Anglicismes lexicaux

1)      Ils sont innombrables : le *top (pour le nec plus ultra), un *challenge (un défi), un *post-it (un papillon (ou une note) repositionnable), un *coach (un guide), un *boss (un patron), faire ses courses en *drive (en voiture), se faire *driver (se faire piloter), *se crasher (dessus ?)  etc. (cf. fiche quelques autres exemples ci-infra).

2)      En revanche, un mien collègue s'accusait avec amère contrition d'avoir employé le mot « désappointement »  comme un très peccamineux anglicisme. Il n'y avait là nul péché : le mot est français avant d'être anglais.

Rappelons à ce sujet que le quart des mots anglais vient de l'ancien français, notamment l'essentiel du vocabulaire littéraire ou juridique : grâces en soient rendues pour l'éternité à Guillaume le Bâtard, devenu roi d'Angleterre, l'an 1066, sous le nom de Guillaume le Conquérant. Il excipait du titre de duc de Normandie et -tout descendant de Viking qu'il se prétendît- parlait un français distingué -du moins peut-on l'imaginer !-, comme tous les chevaliers qui le suivaient, à moins qu'ils ne parlassent breton (la moitié du contingent !). Le français fut la langue de la cour, des chambres du parlement et de la justice jusqu'au XIIIe siècle et les devises de Sa Gracieuse Majesté sont toujours en français (« Dieu et mon droit », « Honni soit qui mal y pense. »[2]) tandis que, jusqu'aux Etats-Unis, les audiences en justice sont ouvertes par l'impératif « Oyez ! ». D'ailleurs, vous devez vous adresser à la reine par l'appellation de « Madame » voire « Madame ». Bref, ne voyons pas partout des anglicismes, là où se sont bien souvent des gallicismes !

3) Premier inconvénient de l'usage des anglicismes contemporains : leur impossible assimilation au système phonétique et phonologique du français. Jadis les mots étrangers étaient « digérés », tels: riding coat ==) redingote ; packet boat ==) paquebot ; roast-beef ==) rosbif ; bull dog ==) bouledogue... Ou pour d'autres provenances :

---

[2] Seul le Prince de Galles arbore -en raison des origines teutonnes de la dynastie régnante, les Hanovre- une insolite devise... allemande.

*Was ist das ?* ==) vasistas ; *carafa* ==) carafe, *sifr* ==) le chiffre...

On objectera que tout le monde aujourd'hui possède des rudiments de *la langue du Donald et de Mac Donald.* Cependant, on ne voit pas pourquoi il faudrait s'escrimer à reproduire parfaitement l'accent anglais ou américain (lequel d'ailleurs parmi un choix infini ?) tandis qu'il serait licite de prononcer les mots d'autres provenances à la française. Ainsi, nul ne songera à vous moquer si vous estropiez la phonétique russe (*perestroïka, Kharkov, Donetsk, Moskova...*), italienne (*un panini, une contralto*), espagnol (*aficionado*), allemande (*Realpolitik,* parfois prononcée à l'anglaise !) bretonne (*l'amiral Ronarc'h, Armel Le Cleac'h*) ... sans parler du mandarin, du japonais ou de l'hindi que nous ne maîtrisons le plus souvent qu'assez imparfaitement !

En outre, ces intrusions subites de phonèmes inouïs en français créent un curieux effet de surprise et parfois sont incomprises. Circonstance aggravante, la prononciation apparaît en réalité très loin d'être irréprochablement « british » : on notera ainsi que le son « ey » n'est jamais transposé par les locuteurs francophones comme il conviendrait : un whiskey irlandais se prononce en réalité comme un whisky écossais, même s'il est moins coté. Ou bien au contraire la prononciation ressortit tellement à l'anglais de la Reine -l'anglais le plus distingué, celui de l'élite d'Oxbridge- que cela fait sourire tant l'accentuation et l'articulation sont aux antipodes du français. Appliquez-vous par exemple à prononçant correctement la phrase suivante, selon les deux systèmes phonétiques : « Nous avons lu avec douleur dans le Times que le Queen Mary III avait sombré au large du Cornwall's cap avec à son bord, parmi les plus distinguées croisiéristes, le Chancellor of the Exchiquer, le Président émérite Hollande, l'Archbishop de Cantorbery, le duc de Malbrough et le Lord Mayor de Leicester. Seule la common decency nous a empêchés de nous abandonner aux larmes. »

Bref, il est quasi impossible -en tous les cas, fort peu naturel et spontané- d'associer deux systèmes phonétiques différents l'un de l'autre dans un même discours -sauf dans le cas où on se contenterait de donner tel mot qu'on voudrait mettre ainsi en évidence ou dans celui d'une citation littéraire (dans ce cas, la non restitution de la prononciation d'origine serait une offense à la langue de Shakespeare !). Mais une restitution appliquée de la phonétique anglaise -ou de toute autre langue- dans un discours en français s'approche souvent d'une forme moderne de pédantisme.


4)    Second et beaucoup plus grave inconvénient, la ruée vers les anglicismes traduit un appauvrissement « hiroshimesque » de la langue française. Un seul anglicisme « *trend* » (pardon, *tendance*) correspond à de multiples vocables du français, en fonction de contextes et de nuances divers! Leur usage et leur abus sont la garantie assurée d'une simplification à outrance de la langue et donc de la pensée, lesquelles se traduisent d'ores et déjà par une baisse -bien mesurée- du QI français !

Voici quelques exemples allègrement pillés dans l'opuscule de Jean Maillet cité dans la bibliographie et auxquels on s'est cru autorisé à adjoindre quelques autres synonymes.

-être addict ==) être accroc à, se donner, se soumettre, se consacrer à quelqu'un,

s'abandonner à une pratique, être sous l'emprise, ou sous l'empire de...
-bankable ==) négociable, escomptable, lucratif, rentable, économiquement fiable...
-Hollande bashing ==) dénigrement, éreintement, lynchage, rudoiement, persiflage, stigmatisation, bastonnade (de ou contre Hollande)
-best of ==) florilège, anthologie, spicilège, varia, miscellanées...
-black-out ==) noir complet, obscurité totale, silence radio, conspiration du silence, censure intégrale...
-booster ==) augmenter, accroître, développer, promouvoir, encourager, renforcer, stimuler, dynamiser, aiguillonner, exciter, vivifier...
-faire un flop ==) faire un four, ramasser un bide, faire fiasco, (un flop : un vent, un râteau, une déconfiture, un effondrement, un échec piteux, la Bérézina...)
-job ==) emploi, métier, travail, boulot, profession, fonction, mission, magistère...
-light ==) léger, allégé, hypocalorique, diététique, insuffisant, indigent, simpliste, médiocre...
-mix ==) mélange, assemblage, association, combinaison, composition, bouquet, hybridation...

-faire du *shopping* ==) faire des achats, des courses, des emplettes, courir les boutiques, faire ou courir ou écumer les magasins, faire du lèche-vitrines, magasiner (québecquisme) ...

-rester en *stand by* ==) dans l'attente, en attente, en réserve, sur la touche, dans l'expectative...

-c'est *too much* ==) c'est incroyable, je n'en crois pas mes yeux, c'est à ne pas y croire, c'est à n'y pas croire, c'est inouï, c'est énorme, c'est trop fort, en voilà assez, c'en est trop, cela passe les bornes (ou l'entendement ou le sens commun)...

-la *french touch* ==) la touche, la patte, la spécificité, le charme, la distinction, l'élégance, le raffinement français(e).

5)    Seul peut être considéré comme licite un anglicisme sans équivalent en français. Il n'y en a guère ! Ainsi, l'on conservera *stress* dont voici la définition de *l'English Oxford Dictionary* : "from *distress* noun ... from Old French *estrece, estresse* narrowness, straitness, oppression, ult. from Latin *strictus*, strict: cf. strait adjective & adverb.". Où l'on voit qu'il s'agit encore d'un gallicisme!
Le recours à l'étymon français *détresse* ne serait pas satisfaisant car le mot français

marque une intensité plus forte et sans doute un processus moins continu. En outre *stress* semble indiquer à la fois la cause et la conséquence de la détresse, ce en quoi il paraît irremplaçable : « Le *stress* des cadres du privé », indique à la fois la pression sur eux exercée et les effets psychologiques négatifs qu'ils doivent encaisser.

En revanche, ses dérivés paraissent inutiles : *stressant* (angoissant, anxiogène...), *stressé* (angoissé, anxieux, en proie au stress...). Sans parler du verbe *stresser* à bannir absolument : « le prof me stresse ==) le professeur exerce sur moi un effet anxiogène. »

Nous sommes prêts à examiner d'autres suggestions si vous parvenez à nous en proposer ! Ce sera le *challenge*[3] du jour !


6) Bref, les seuls mots anglais que l'on s'attend désormais à rencontrer dans vos œuvres seront-à quelques expressions près qu'on retrouvera dans le fascicule 6 !- des adages, des proverbes et surtout des citations des auteurs -ou des grands personnages- de Grande-Bretagne, du Commonwealth ou des EUA ! Tout abus sera considéré par vos censeurs

---

[3] *Ancien français ! Préférez cependant le moderne « défi » sauf à recourir au style troubadour : « Pour vostre service et pour vostre amor Ma Gente Dame de haut parage, je partirai à l'adventure, relèverai moults challenges et occirai moults félons » !*

et correcteurs comme un crime de Lèse-Majesté nationale !

# Article indéfini pluriel modifié

-l'article indéfini pluriel « des » devient « de » devant l'adjectif antéposé au substantif : de belle jeunes filles (*des belles jeunes filles) « d'appétissantes cailles » et non « * des appétissantes cailles. »

-de même « de » et non « des » dans une phrase négative : « je ne veux pas de cadeaux pour Noël » et non « *je ne veux pas des cadeaux… »

# Aucun dans « en aucun cas »

- « les Thébains ne sont *en aucun cas coupables de la peste qui frappe leur cité. » Soit ils le sont, soit ils ne le sont pas. Il n'y a pas de cas divers (plusieurs cas de peste dus par exemple à des mutations du microbe, des formes diverses de peste !) dont ils pourraient être coupables ou innocents : il n'y a qu'une alternative. Donc évitez cet emploi « tendance » et illogique de l'expression qui veut passer pour une sorte de négation superlative (autre exemple : «*je ne suis en aucun cas malade » pour signifier qu'on a dit que je l'étais présentement et que cela est faux car je suis aujourd'hui en pleine forme ; la phrase en question signifie strictement et logiquement : « je ne suis jamais malade, en aucune circonstance, même si je dors dehors par moins vingt degrés, par exemple).

Ou plutôt, réservez-le  aux jugements négatifs impliquant plusieurs cas possibles et pour lesquels la réponse serait négative non seulement catégoriquement mais universellement -soit dans tous les cas possibles et imaginables : « En aucun cas, l'Etat ne doit transiger sur les principes de la laïcité qui sont au fondement de la République. » Cet énoncé est logiquement correct.


## « Aussi » en place de « non plus »

Voici un intéressant solécisme de Joachim du Bellay (prononcez le prénom dudit poète à la française et non à la grecque, de grâce ! -il s'agit d'un prénom d'origine hébraïque, non pas hellénique ou américaine !!!) : « Cette divine ardeur (l'inspiration), je ne l'ai plus *aussi / Et les Muses de moi comme étranges s'enfuient ». Imitant Joachim (chin), vous vous plaisez souventes fois à répondre à votre professeur qui remarque que vous avez encore une fois oublié votre livre, à l'instar de votre voisin : « *je ne l'ai pas, moi aussi ».

Si Joachim (chin) pouvait se permettre cet emploi de l'adverbe « aussi » dans une phrase négative, figurez-vous que depuis un demi-millénaire des règles -logiques- ont été fixées. Il s'agit d'une négation, il faut donc, logiquement « non plus » et non pas « aussi » qui indique une addition. Il paraît difficile de faire suivre une absence (pas de livre) d'une addition (aussi) ou d'additionner deux zéros (l'oubli des manuels par vous-même et par votre voisin).

Corrigeons Joachim (bien que nous n'en ayons pas le droit !) : « Cette divine ardeur, je ne l'ai plus, non plus ! ». Châtiez-vous : «Le manuel, je ne l'ai pas non plus, et j'en suis bien navré. » (la construction segmentée -le COD « le » est d'abord antéposé à la proposition sous la forme nominale, « le manuel » - est licite à fins d'expressivité.)

# Autre (« ou autre » pour « etc. »)

On constate dans la prose potache un très constant et très malséant emploi de « ou autres » : « *Les hommes d'aujourd'hui n'ont plus besoin de chasser, de pêcher ou autre. » ; « *L'homme à l'état de nature mange sans complément de sel, sucre ou autre. » (même copie d'élève !)

« Autre » ne s'emploie qu'avec un déterminant (un autre, d'autres, les autres etc.) pour former un pronom indéfini.

Dans tous les cas, il faut remanier la phrase et être plus explicite. Soit pour nos deux exemples : « …ou de subvenir d'une façon ou d'une autre à leurs besoins primaires » ; « …ou d'autres additifs, (ou ingrédients) ». Parfois, on peut recourir à « etc. » (latin et caetera : « et toutes ces choses »).

L'emploi de « autre » tel quel est donc totalement fautif et d'un niveau très relâché de langue.

# « Avoir » et « faire »,
## verbes multi-usages
## à proscrire autant que possible!

1)      Le verbe « avoir » est le plus souvent réservé soit au rôle d'auxiliaire des temps composés (*nous avons dormi*), soit à des locutions figées et assez souvent familières voire vulgaires (*avoir peur, les foies, les chocottes, faim, la dalle, froid, la colique, du cœur au ventre, le feu de Dieu, etc.*).

2)      Par ailleurs, vous l'utilisez copieusement par défaut à la place de verbes plus précis. Sa charge sémantique est alors quasi nulle et il convient de lui substituer des verbes beaucoup plus précis. Voyons quelques exemples, dont la plupart sont empruntés à vos productions.

-La vie sauvage permet d'avoir un paysage magnifique ==) *jouir de, goûter, apprécier, bénéficier de*...

-Le risque d'avoir des maladies dans un pareil milieu... ==) *de contracter, d'attraper, de « chopper »*...

-le droit coranique permet d'avoir plusieurs femmes ==) *de posséder, de jouir (de la* compagnie) de (ou « de convoler à quatre reprises »)...

-Vivre à Paris a beaucoup d'avantages ==) comporte, ne va pas sans...

-Les conditions d'existence que nous avions en ce temps-là... ==) qui étaient les nôtres, dont nous jouissions ou que nous subissions (selon contexte).

On avouera que toutes ces phrases initiales sont d'un style détestable et d'une affligeante indigence. Chassez-les sans faiblesse !

3)   « faire » comme semi-auxiliaire dans la tournure dite « factitive » impliquant une délégation de tâche : « faire travailler », « faire signer », « faire comprendre »...).
On dispose en registre soutenu et un peu archaïsant du verbe « mander » dans le sens de « faire savoir par courrier ou message » : «Madame m'a mandé que Sa Majesté se portait mieux. » ; « Je vous manderai mes volontés par sms. »

4)   Comme « avoir », « faire » est employé par défaut de vocabulaire et il est le plus souvent souhaitable de l'éliminer :

-Nous *faisons* des activités sportives ==) nous pratiquons, nous participons à … (les variantes dépendront du contexte).

-Ils *font* un travail de longue haleine ==) ils se sont engagés dans… ; ils ont entrepris… etc.)

-Montaigne *fait* le dithyrambe de la société cannibale ==) se lance dans, entame, entonne…

-« *Cette absence de richesse ne *fait* aucune hiérarchie sociale ou politique ==) entraîne l'absence de, conduit à l'absence de, a comme effet, provoque, est exclusive de toute hiérarchie… (cumul avec la maladresse de la tournure restrictive*, ce qui nous offre un pataquès de tout premier choix !).

-Jean-Célestin *fait* son métier avec zèle ==) il exerce, il accomplit…

-Marie-Zénobie *fait* les toilettes ==) elle nettoie, elle cure et récure les toilettes …

-Faites votre devoir (Accomplissez votre devoir). Cependant l'emploi de *faire* est ici tout à fait acceptable car sémantiquement équivalent et plus concis et surtout parce qu'il appartient à une expression lexicalisée -faire son devoir-à l'instar de *faire peur, faire rire, faire son travail, faire le Zouave, faire catleya* (Proust)…

5)	De même, l'expression *faire de l'essence,* parfois et à tort condamnée, est construite sur le modèle fort ancien touchant à tout ce qui touche à l'approvisionnement des navires : *faire du charbon* (charbonner), *faire de l'eau, faire du bois...* (ou encore : *faire les courses.*) Elle est ainsi parfaitement licite.

6)	« Faire » joue enfin parfois un rôle fort bienvenu de « pro-verbe ». Il remplace (pro = pour) un verbe de sens plein pour que celui-ci ne soit pas répété : « J'ai peint ton portrait, je *l'ai fait* (*je l'ai peint) avec amour et dévotion ! » ; « Mrs May a entamé le processus de sortie de l'Union, elle *l'a fait* avec les encouragements de Mr Trump. » ; « Ragmard a répondu au questionnaire, mais Bruxilius ne *l'a pas fait.* ».

# B

## Barbarismes

Du grec *barbaros*, celui qui ne parle pas grec et dont on ne comprend pas même l'articulation des phonèmes (*barbaros* est une onomatopée qu'on retrouve dans Berbère).

Désigne un mot étranger importé par tel locuteur, notamment s'il n'est pas phonétiquement acclimaté à la langue de réception -donc tout anglicisme non francisé est un barbarisme. Par extension, tout mot inventé par maladresse par tel locuteur.

Comme le remarquait Chateaubriand, un barbarisme peut finalement s'intégrer à la langue et devenir la norme, ce qui ne peut être le cas d'un solécisme (exceptions ci-dessous). Il peut arriver que vous commettiez des barbarismes intéressants.

Est-ce vraiment le cas pour les exemples suivants : « *bravitude » (Ségolène Royal), « *foultitude » (Musée de Rennes !), *favorisation, *combination, *préférencier…,

Seul un barbarisme sans synonyme de registre courant ou soutenu pourrait à terme s'enter sur la langue !


## Barbarismes intéressants et pertinents quoique cependant peu élégants


Le « populo » aime à marquer davantage le pluriel ou le subjonctif que ne le comporte le supposé bon usage et cela témoigne en faveur de sa sagacité :

-*Il faut que je voye (que je voi_e_) Marque le subjonctif. Toujours mieux que « *il faut que je vois/ *que je viens).

-*Ils voyent pas ben clair » (ils ne voient pas bien clair) ; « ils se fourvoyent » (se fourvoient). Marque le pluriel.

# Barbarismes savants

Le vocabulaire scientifique recourait jadis au latin (botanique, zoologie, médecine - par exemple le vocabulaire du squelette). Mais depuis le XIXe siècle on a plutôt sinon exclusivement recours au grec ancien qui fournit ainsi un lexique international.

Cependant, trop de mots sont des hybrides gréco-latins (ou l'inverse) et sont donc des barbarismes en quelque sorte légalisés : bigamie (duogamie ou digamie, seraient préférables), bureaucrate (suggestion : trapezocrate[4]), spationaute, taïkonaute (cosmonaute et astronaute sont valides), héliocentrisme (hélio-omphalisme ?), géocentrisme (géo-omphalisme ?), homosexuel (épouvantable barbarisme d'origine allemande ! préférez « homophile » (qui aime le même et non pas qui aime les homos, dans ce sens, barbarisme au carré comme *homophobe (i.e. qui a peur

---

[4] Le trapèze est d'abord une table (d'où le nom de la figure géométrique qui ressemble à une table aux pieds obliques). C'est aussi la « banque » (la table surélevée) sur laquelle se déroulent les transactions financières (en grec moderne, le mot « trapeza » signifie d'ailleurs « banque »).

du même) ou androphile[5] (qui aime les hommes, mais concernerait aussi bien les femmes hétérophiles !) et gynophile (qui aime les femmes ; inconvénient symétrique au précédent) seraient préférables), pyrogravure …

Dans le domaine médical, le ménage a été fait : on ne parle plus d'oculiste (mot d'origine exclusivement latine) ou de cancérologie (latin+grec), mais d'ophtalmologue ou de carcinologie.

### Base ( « à la base ») ;
### Clef ( « à la clef »)

Cette locution adverbiale« à la base »-sans doute issue de « à base de » ( « un produit à base de soude ») -à moins que ce ne soit du lexique de l'architecture ou de la géométrie- fait florès depuis quelques lustres[6]. Elle est

---

[5] D'ailleurs admis par le dictionnaire « Word »
[6] Un lustre = cinq ans (emprunté au latin et d'emploi seulement littéraire et humoristique en français).

bien rarement pertinente puisque le plus souvent il s'agit de dire « à l'origine » et l'on ne sache pas que la base d'un bâtiment ou a fortiori celle d'un triangle soient leur origine !

Les bons dictionnaires ne l'attestent pas[7]. On l'évitera donc. Comme la suivante.

En effet, l'expression journalistique « à la clef » ne devrait s'employer que s'il y a l'idée d'un sens caché qu'il convient de déchiffrer : « A la clef de la déclaration du ministre des Affaires Etrangères, il y a la volonté d'inviter Monsieur Poutine à la table des négociations sur le sort de l'Ukraine. » La très grande majorité des emplois relève d'un tic journalistique idiot.

---

[7] On ne mentionnera pas l'exécrable « de base », qui sera traité par le seul mépris.

# C

## Cacoépie[8] (vs orthoépie)

1) Ne pas prononcer le « p » devant « t » » sauf dans les mots savants d'origine grecque comme « ptérodactyle » ou « un ange aptère » (sans ailes). Ce n'est pas conforme à la phonétique « naturelle » du français (i.e. : toutes les combinaisons entre voyelles et/ou entre consonnes d'une langue ne sont pas prévues par le système phonétique de ladite langue, loin de là). Donc attention à : sculpteur, dompteur, compteur, contempteur, rédempteur, rédemption (exceptions pour ces deux derniers, sans doute par dispense papale !) … Ce sont des lettres étymologiques surajoutées.

D'ailleurs, voyez les cousins d'indomptable : anglais (indomitable), italien (indomabile), espagnol (indomable), le

---

« p » n'est pas conservé. Vous devez donc dire (mais ne pas écrire !) : *le donteur a donté d'indontables ptérodactyles !*

2) Logiquement, il devrait en aller de même de la combinaison « p+n », mais les mots ainsi formés sont tous d'origine grecque, donc « savante » : pneu (pneumatique), pneumonie… La prononciation populaire a tendance à dire d'ailleurs : « *un peneu » car c'est un objet d'usage courant. Moins fréquemment sans doute : une *peneumonie ! Là encore, comparez avec l'espagnol qui n'a pas toléré la contamination du grec : « neumático », comme un organisme qui rejette un corps étranger !

-de même, le « populo » dira plus facilement un « parquigne » qu'un « parking ». Le phonème « ing » n'existe pas en langue d'oil (nord de la France). En fait, c'est bien le peuple qui a raison : il connaît d'instinct la phonétique française parce qu'il n'a pas été « contaminé » par l'étude d'Homère et de Sophocle ou par l'écoute en boucle des tragédies de Shakespeare !!!

3° Ne pas prononcer -sauf mots savants, grecs (topos, logos…) ou latin (pénis…) et quelques exceptions- les consonnes orthographiques finales autres que « r » ou « l » : mœurs, serf, cerf, (pas plus que dans loup ou porc !). Là encore, ce sont des fossiles étymologiques (mores, servus, cervus, lupus, porcus).

4° « oe » se prononce « é » : Œdipe, œsophage, œcuménique, œdème, œstrogène… et surtout pas « eu » qui a quelque chose de bovin!

## Ce faire

-« Pour ce faire, il faut d'abord analyser les données du problème. »

Pour ce faire = pour faire cela (ce et cela sont des pronoms démonstratifs).

« Ce » et « cela », sont des pronoms démonstratifs (qu'on peut considérer comme de genre neutre).

# Codes graphiques aléatoires
## et très fautifs

Depuis quelques années, les malheureux correcteurs de copies que sont vos professeurs -les martyrs des temps modernes- découvrent avec effarement et incompréhension un salmigondis infâme de lettres ressortissant à des codes graphiques hétérogènes. Nouvelle manifestation d'un narcissisme ravageur qui s'autorise à tout détruire au motif de tout réinventer !

En d'autres termes, trop de potaches s'octroient sui generis le droit d'accoupler des minuscules cursives et des minuscules d'imprimerie (écriture en script), sans parler de majuscules d'imprimerie qui, dans une écriture cursive, se substituent sans crier gare aux majuscules cursives seules réglementaires.

Vous devez impérativement conserver le même code graphique (en principe le cursif ; le script seulement pour les fiches bristol !) et faire l'effort - par des exercices d'écriture ou un stage en cours préparatoire- de former correctement vos lettres minuscules et majuscules, soit :

a b c d e f g h i j k l m n o p q r s t u v w x y z

et A B C D E F G H I J K L M N O P Q R S T U V W X Y Z.

Encore, existent-t-il quelques variantes, notamment pour le « a » ou le « t » (nous avons ici proposé la police *French Script* qui se rapporte le plus de l'écriture cursive, laquelle, par définition, n'est pas une police de caractères d'imprimerie).

On stigmatisera spécialement l'usage du « R » d'imprimerie qui vient polluer des mots en minuscules cursives, fâcheuse tendance, spécialement féminine : « Je me suis fait aRRacheR tRois mollaiRes du maxilliaiRe supéRieuR. » L'hoRReuR !

C'est incompréhensible : le cursif seul permet d'écrire … au long cours, sans perte de temps par des reprises du stylographe.

Et chaque infraction est une faute … d'orthographe et il ne saurait y avoir confusion des peines (i.e. si vous insérer un R au lieu d'un r ou d'un ᵣ, c'est une faute à chaque fois, une faute IRREMISSIBLE !).

On peut être autorisé -et pour diverses raisons- à ne pas très bien écrire, mais on ne saurait permettre de violer les lois des codes et polices sans risquer la confusion mentale et l'incompréhension.

# Concessives aux solécismes muets

1) « *quelle que belle que soit la comédie... » pour « quelque belle que soit la comédie en tout le reste, la fin en est sanglante... » (Blaise Pascal). « Quelque » est ici adverbe (signifie à peu près, « aussi ») et est donc invariable.

2) et inversement : « *quelque soit la solution, elle sera toujours douloureuse. » pour « quelle que soit la solution... » ; « Quel » est ici adjectif indéfini attribut de «la solution ». Idem : « quel qu'il soit... ».

3) ou encore : «* quoique je dise » pour « quoi que je dise » (i.e. : quelle que soit la chose que je dise).

4) « *quoi que je sois épuisé, je continuerai jusqu'à la mort » pour « quoique je sois épuisé » (= bien que).

# Conditionnel passé (ou plutôt composé) suppléé fort avantageusement par le subjonctif plus-que-parfait

-« *J'aurais préféré* que tu répondes à ma lettre avec plus de célérité » donne en registre soutenu : « *J'eusse préféré* que tu répondes (ou, mieux -mais pas obligatoirement bien qu'en principe nécessairement- « que tu répondisses ») ... »

Cette forme, un peu archaïsante selon certains modernistes frénétiques, conservera toujours l'avantage de la distinction et de la concision : « il aurait préféré » (2 syllabes sur l'auxiliaire) vs « Il eût préféré » (1 syllabe et sans consonne, donc plus fluide !).

Le subjonctif -qui marque le virtuel- se porte tout naturellement et dès l'origine du français à l'expression de *l'irréel du passé* dans sa forme du plus-que-parfait.

-conjuguons : *j'eusse préféré, tu eusses préféré, il eût préféré, nous eussions préféré, vous eussiez préféré, elles eussent préféré.*

-Ou avec «être » : *Si tu me l'avais rappelé, je fusse venu. ; tu fusses venu, il fût venu, nous fussions venus, vous fussiez venu(s), elles fussent venues.*

# Conséquent

-

« *La remontée de la Bourse a entraîné des bénéfices conséquents ». Enoncé paralogique : en effet, « conséquent » ne signifie pas ici que ces résultats soient la conséquence de la remontée de la Bourse mais que les dividendes servis sont élevés, importants ; la conséquence n'étant marqué que par le verbe « a entraîné ». Sans doute, ces bénéfices auront-ils d'intéressantes conséquences pour les heureux actionnaires, mais dans cette phrase « conséquent » ne s'applique pas … aux conséquences de ces bénéfices mais aux bénéfices eux-mêmes. Et cela ne veut donc rien dire.

Voyez encore ces exemples dans lesquels il n'y a pas même mention d'une cause à l'origine de la conséquence : « *Catherine II pesait un poids conséquent. » (un poids conséquence d'une alimentation trop riche ou un poids tel que les conséquences en seraient des problèmes de diabète ou d'hypertension ?) ; « *un déficit conséquent » (même ambiguïté), « *des qualités intellectuelles conséquentes »  « *un missile au calibre conséquent » etc.

 Ou alors il faudrait -pour l'admettre- que l'on considérât que « conséquent » est une métonymie par ellipse (!) : le calibre du missile est tel que son usage aurait des conséquences fâcheuses. Mais en lui-même le missile n'est pas la conséquence, mais la cause ! On déplacerait donc -par métonymie- la conséquence sur sa cause mais sans énoncer ce que seraient ces conséquences (donc ellipse). On concèdera que c'est un peu trop compliqué pour être admis dans l'usage courant.

-En revanche, on dira « un esprit conséquent » pour faire référence à une personne à l'esprit logique, qui sait tirer les conséquences de ses actes ou des prémisses de ses jugements.

# D

## Décimer

Dans l'armée romaine, on avait accoutumé de punir une mutinerie par la décimation : les mutins étant alignés, on en prélevait un tous les dix, les infortunés étaient mis à mort.

« Décimer » ne saurait donc être considéré comme un synonyme de « massacrer », qui suppose que la quasi-totalité ou la totalité d'un groupe donné soit tuée. On ne peut dire « Hitler ordonna la décimation des Juifs. », sans manquer gravement à la vérité historique.

## Déclinaison calamiteuse du pronom relatif

« *le livre que tu me parles » (dont), « *le pays où que je pars en vacances », « *un ouvrage où l'auteur exprime ses sentiments patriotiques » (« dans lequel »), « *un recueil où il expose son hostilité à l'empereur » (dans lequel) « *la fille que j'ai lié ma vie avec » (avec laquelle) etc. Plus bas niveau possible de la langue par effacement de la dernière déclinaison française, celle du pronom relatif : qui, que, quoi, dont, où, lequel et ses dérivés.

## Dernier dans « Ce dernier »

- « *Perceval entra dans la cour du castel. *Ce dernier portait un heaume surmonté du Graal. » Qui voudriez-vous donc que ce fût d'autre ? Dites : « il portait », ou « le jeune jouvenceau portait. », si vous voulez apporter une caractérisation supplémentaire. Faute de plus en plus fréquente et d'une insigne lourdeur.

- « Galaad et Lancelot le rejoignirent. *Ce dernier portait un heaume d'or, *ce premier un heaume d'argent. » Lourd : dites, celui-ci (Lancelot, celui dont on vient de parler) vs « celui-là ».

- « ce dernier » seulement dans une suite d'au moins trois termes. D'ailleurs toujours pataud.

# Devoir (se)

## (et considérations adjacentes sur l'abus extravagant du terme « respect »)

On rencontre de plus en plus souvent et abusivement dans le langage ressortissant à la thématique du « droit des djeunes à disposer d'eux-mêmes » la périphrase verbale « se devoir de + infinitif » comme dans cet exemple hénaurme[9] : « *Chacun se doit d'être respecté. » (règlement du lycée Monge de Nantes !!!!!! Cela ne s'invente pas !).

<u>Il s'agit d'un paralogisme admirablement immoral !</u>

Le paralogisme aggravé de solécisme (ou l'inverse !) réside ici dans la conjonction « baroque » d'une forme pronominale (se doit de) et d'une forme passive (être respecté) : si « on » le doit à soi-même, « on » ne peut être sujet passif.

En d'autres termes, si on se doit quelque chose à soi-même, autrui n'a rien à y faire ni à y voir ! En tous les cas, pas tout de suite et donc pas dans le même énoncé.

---

[9] *Dys-orthographe hyperbolique de Flaubert.*

Par surcroît, il est à la fois insolite et nécessaire que le complément d'agent (*par + nom*) ne soit pas mentionné : par qui dois-je être respecté ? Car dès lors, il faudrait donner des justifications : pourquoi dois-je être respecté par mes camarades, leur suis-je supérieur ? Et mes professeurs ? Et mon proviseur ? Suis-je de nature à ce qu'ils me respectent spécialement ou à quel titre le suis-je ? Mais mes camarades (sans parler des adultes de l'établissement) ne pourraient-ils pas en dire autant ou davantage (les adultes) ? etc.

Et comme « je <u>me</u> le dois », à quels moyens recourrai-je si on ne me respecte pas (il est d'ailleurs hautement improbable que mes professeurs et mes proviseurs me considèrent comme leur égal, sauf -cas somme toute assez fréquent- d'hypocrisie paternaliste ; il est même fort peu certain que l'élève de Terminale considère le béjaune de seconde comme son égal !)? A quels moyens donc recourrai-je pour garantir qu'on me respecte? A la violence assurément ! Et comme mes camarades sont tout autant que moi en droit de se faire respecter, la violence serait sans fin. Nous en avons d'ailleurs malheureusement des exemples quasi-quotidiens.

Cet énoncé (« chacun se doit d'être respecté ») voudrait donc dire quelque chose comme « on doit se faire respecter par autrui » ! Mais la forme pronominale (ou réfléchie) indique un procès[10] que le sujet opère sur lui-même, non sur autrui.

Quel est exactement le sens de cette action « réfléchie » contenue par le verbe pronominal « se devoir » ? Pour pouvoir se regarder dans la glace comme un Homo sapiens parmi tant d'autres et digne d'un titre si éminent, on doit donc à soi-même d'obéir à un impératif moral catégorique (voir Emmanuel Kant) : être probe, ne pas mentir, ne pas frauder, être franc avec les autres (sans les blesser pour autant), les aider quand ils sont dans la difficulté, ne pas les utiliser comme des instruments, des tremplins pour sa carrière, des serviteurs, des esclaves, des objets, ou des proies sexuelles, -toutes choses que nous ne sommes que trop enclins à pratiquer naturellement- mais -par un puissant et constant effort moral sur nous-mêmes- les considérer comme nos égaux, comme des autres nous-mêmes etc. C'est à soi qu'on le doit, pour rester digne de l'idée qu'on se fait de sa personne -et de l'humanité- en tant qu'être moral. C'est le vrai sens, un sens moral, de « se devoir ».

Bref, cet article du règlement de votre lycée, _exécrable absolument_, est le symptôme d'un

---

[10] Rappel : le « procès » en linguistique renvoie à ce que contient le verbe, qui n'est pas nécessairement une action. Sans parler des verbes dit d'état, il est difficile de soutenir que « dormir » ou « mourir », par exemple, soient des actions. Le terme de « procès » est plus général et plus satisfaisant.

individualisme poussé au dernier degré du narcissisme, et bon pour la jungle, la guerre de tous contre tous.

Aussi est-il est urgent de le remplacer. Par exemple : « chacun doit respecter autrui comme un être humain d'égale dignité que lui-même ». Ce serait le minimum. Car en réalité il faudrait aussi peut-être rappeler un certain nombre de devoirs et que le lycée n'est pas non plus l'agora, ce n'est pas une petite démocratie.

Remarque adjacente mais importante

et très pertinente !

Plus globalement, il convient de se méfier grandement de l'emploi du mot « respect » dont certains, dans quelques parages, font un abus absolument scandaleux et qui constitue proprement un non-sens :

« RESPECT :1) Sentiment qui porte à traiter quelqu'un avec déférence, _en raison de son âge, de sa supériorité, de son mérite..._ 2) Sentiment de vénération que l'on rend à Dieu, aux saints, à ce qui est sacré. 3) Attitude qui consiste à _ne pas porter atteinte à quelque chose_ : le respect de la vérité, des lois, du bien d'autrui…[11] » nous dit l'incontournable *Lexis* de Jean Dubois (*Larousse*).

Vous voyez par-là que, quant au respect, un enfant ou un adolescent ne peut que se réclamer d'une interprétation du troisième sens : il est fondé à être respecté en tant que personne humaine, parce que les lois et la constitution (donc la Déclaration des droits de l'homme et du citoyen) le comportent. Ni plus, ni moins ; mais cela lui garantit déjà beaucoup, ou, pour mieux dire, l'essentiel.

Un sujet (un individu libre et autonome) peut légitimement réclamer un second degré de respect -purement formel et n'emportant pas d'adhésion intime- si cette demande ressortit à la première définition du dictionnaire : ainsi votre professeur doit vous respecter en tant que personne, et vous réciproquement. Mais comme il est plus âgé et plus méritant, plus diplômé, plus savant -en attendant que vous le surpassiez peut-être dans quelques années- vous lui devez en quelque sorte un double respect, un respect -essentiel- en tant que personne et un respect -formel- en tant qu'adulte et en tant que professeur (soit 1 raison + 2). Si vous devenez général, procureur, préfet, archevêque ou président de la République -et quelque médiocre que vous pourriez vous révéler dans ces éminentes

---

[11] On ne donne pas les exemples -sauf ces derniers ; ni le quatrième sens, « respect humain », sans guère d'intérêt ici.

fonctions, ce qui ne manque pas d'arriver souvent !-, il vous devra un respect plus grand que la réciproque en tant qu'il convient de respecter « les grandeurs d'établissement » (B. Pascal), indépendamment -ou plutôt par surcroît- des personnes, sans quoi la société s'effondrera nécessairement sur elle-même !

En un mot, cessez de vous gargariser de l'emploi « racaille » de ces grands mots de « respect », « respectueux » ou « respecter » et commencez par céder votre place dans l'autobus aux dames, aux demoiselles et aux vieillards et par saluer vos professeurs avant qu'ils ne le fassent et sans omettre les titres de civilité[12] !

---

[12] Après tout, nous ne sommes pas en Italie ou en Allemagne et on ne vous demande pas de nous appeler «Professore » ou « Herr Doktor » !

# E

## Edifiant

- « Nous avons assisté à un scène édifiante. » S'agit-il selon vous d'une scène affligeante, consternante, navrante, désolante, pitoyable… ?

Eh bien non, *stricto sensu*, il s'agit d'une scène de nature à vous élever l'âme, à construire votre caractère ou plus encore à « édifier » votre être moral. A le rendre meilleur et plus solide. Comme un édifice, une forteresse de moralité !

La scène en question pourrait par exemple être le plongeon dans les eaux glacées de la Loire d'un passant secourant un candidat au suicide ou toute personne prenant des risques ou se dévouant au-delà de l'usage ordinaire pour venir en aide à autrui. Ou encore, vous vous accusez d'une faute que votre camarade a commise pour lui épargner les sanctions que vous endosserez à sa place, car vous savez que les représailles paternelles seraient massives pour lui (enfin, s'il y avait encore des représailles paternelles qu'il fallût redouter !).

Vous pouvez certes parler d'une scène édifiante si vous assistez à une rixe entre lycéens pour tel motif futile. Mais dans ce cas, il s'agit d'une antiphrase et l'emploi est donc ironique. Il est à craindre néanmoins que  ce second degré ne paraisse plus évident à la majorité de vos interlocuteurs.

**Effacement très dommageable de  la distinction phonétique et donc phonologique et donc sémantique entre le futur et le conditionnel, ou le passé simple et l'imparfait, à la première personne du singulier**

Les « ai » des premières personnes du singulier des futurs et des passés simples  se prononcent « é » (fermé) et non « è » (ouvert) qui marquent le conditionnel ou l'imparfait : je disserterai VS je disserterais / je dissertai VS je dissertais. Cette distinction est essentielle car elle modifie le sens : la différence phonologique[13]  est une différence

---

[13] Un phonème est un « son »  sélectionné par les organes phonatoires dans le cadre d'une langue donnée pour s'articuler avec d'autres phonèmes et former un

sémantique[14] . Et la confusion de prononciation (« ê » dans les deux cas) est le fruit de l'imperfection de l'orthographe française qui ne marque pas cette distinction qui était encore nette chez les personnes nées au XIXe siècle. A force de faire des dictées, vos grands-parents ont fini par effacer une différence phonétique, donc phonologique, donc sémantique ! En principe, les comédiens français (i.e. de la Comédie française) font encore la différence .Et les vieux Académiciens ou les vieux profs ! Les jeunes n'y comprennent goutte !

---

système phonétique et phonologique permettant de créer des mots. Environ 1000 phonèmes humains (pour 6000 langues) et une moyenne d'une trentaine ou d'une quarantaine sélectionnée par chaque langue (Cf tableau des phonèmes du français dans F5). Donc, la phonétique, c'est la prononciation des phonèmes et la phonologie, l'articulation entre les phonèmes, toujours dans tel système linguistique donné. Une différence de phonèmes entraine une différence de sens. Mais une différence phonétique n'est pas nécessairement une différence de phonèmes. Ainsi en ancien français « on » et « en » sont un seul phonème (donc, on ne faisait pas, on n'entendait pas de différence) et en français contemporain, à l'inverse « in » tend à s'identifier à « un » et réciproquement alors qu'il y a exactement autant de différence phonétique entre ces deux voyelles qu'entre « on » et « an » (lèvres arrondies ou pas). Donc -en principe-, la différence entre « un brin de muguet» et « un garçon brun » s'entend et permet de faire la distinction. On peut penser que c'est le peu de mots comportant la voyelle « un » qui explique cet effacement phonologique : les cas d'ambiguïté doivent être tout à fait exceptionnels. C'est beaucoup plus navrant en ce qui concerne le «é » et le « ê » du point étudié.

[14] Sémantique : étude du sens des mots et des énoncés.

# Excessivement

- « *les personnages de la tragédie parlent dans une langue *excessivement soutenue* ». Non, c'est bien le moins qu'on puisse attendre de cette espèce de personnages qu'ils s'expriment dans une langue poétique quasi sacrée donc bien au-delà de l'usage courant. Il n'y a là aucun excès. Vous pouviez dire « extrêmement soutenue ». De même, on ne dira pas d'un élève qu'il a des résultats « excessivement bons ». L'excès (l'hybris !) est toujours dommageable !

# F

## *Faire montrer

- « *je vous fais montrer mon devoir » sauf si vous avez recours à un intermédiaire. Mais même dans ce cas, c'est un peu lourd. Autrement, c'est carrément calamiteux !

## Féminins féministes légitimes ou illégitimes, licites ou illicites

- un auteur, une auteur, une auteure, une auteuse, une autrice ?

- un écrivain, une écrivaine ? un écrivaillon, une écrivaillonne ?, un avocaillon, une avocaillonne ?, un plumitif, une plumitive ? un sculpteur, une sculptrice ? un peintre, une peintresse ?

-une professeure, une ingénieure, une docteure (une doctoresse ?), une ministresse, une mairesse, une directrice ou une directeure ?

-un Divin Sauveur, une Divine Sauveuse ? un marin, une marine ? un soldat, une soldate ?

-des sénateur.rice.s, des directeur.rice.s, des animateur.rice.s, des instituteur.rice.s, des acteur.rice.s, des moniteur.rice.s, des géniteur.rice.s, des spoliateur.rice.s, des prévaricateur.rice.s, des persécuteur.rice.s, des rédempteur.rice.s[15] ?


Quelques officines paragouvernementales, quelque comité Théodule, quelques aréopages de précieux plus ou moins ridicules et de femmes (ou d'hommes) à demi-savant(e)s prétendent depuis quelques lustres féminiser à outrance le vocabulaire en recourant à force circulaires en forme d'oukases, avec toute l'énergie fanatique propre aux néophytes. Si certaines propositions peuvent sembler légitimes, bien souvent ces modifications qu'on tente de nous imposer au forceps témoignent d'une grave méconnaissance et des lois de l'Etat et de celles de la linguistique :

1) Une infraction aux lois fondamentales de l'Etat : Le gouvernement et ses bureaux n'ont

---

[15] Orthographe gouvernementale !

aucunement vocation à réformer la langue ou la grammaire, qui «régente jusqu'aux rois » (Molière). Il serait farce qu'on indexât le bon usage sur le parler chaque jour plus relâché de la sphère médiatico-politique[16] ! Seule l'Académie française est légitimement et légalement à même d'entériner ou de suggérer des réformes. C'est sa fonction et son exclusif privilège. Donc, nulle « réforme » n'est licite qui ne passe sous ses fourches caudines et bien des circulaires officielles peuvent donc être envoyées à la poubelle sans même qu'on perde son temps à les lire !

2) Une première méconnaissance des lois de la linguistique : l'oral prime par définition sur l'écrit. Une langue est d'abord parlée et il est donc remarquablement stupide d'édicter des ajouts muets (une docteure, une professeure…) qui ne peuvent faire sens puisque on ne les entend pas (d'où parfois une prononciation ridiculement appuyée : une ingénieur-eu !)

On objectera avec une (fausse) apparence de raison que la langue française regorge de

---

[16] Ainsi, jadis, le jeune Fabius, normalien, agrégé des lettres, prenait-il des cours du soir pour parler un français moins naturellement châtié et qui fût de nature à faciliter sa « com » ! De même M. Wauquiez, major de l'agrégation d'histoire, s'emploie-t-il avec une application méritoire à bannir toute double négation de ses discours, pour « faire peuple » et draguer le chaland.

lettres fossiles muettes (comme la plupart des « s » du pluriel, sauf liaisons). Mais c'est là le résultat de l'histoire du français -et notamment du fait que l'orthographe d'aujourd'hui correspond grosso modo à la prononciation du XIIe siècle. On peut le regretter, mais enfin, un héritage ce n'est pas la même chose qu'un ajout appendice qui vient encore renforcer la difficulté de notre orthographe. Bref, ces prothèses sont à proscrire catégoriquement. Elles n'ont évidemment jamais été entérinées par la Docte Compagnie (l'Académie).

3) Une seconde méconnaissance des lois fondamentales de la linguistique : le masculin est le genre « non marqué » par opposition au féminin. C'est-à-dire que la base du mot est le masculin et que dans certains cas (par exemple mais pas seulement, sexe féminin), la langue marque une différence qu'il lui paraît utile d'indiquer[17]. En français, c'est d'autant plus évident que le masculin est aussi l'héritier du neutre latin (les mots neutres latins sont devenus masculins en français). Donc le genre masculin ne renvoie pas nécessairement à quelque chose qui aurait à voir avec le sexe : un

_______________

[17] idem : le singulier est le nombre non marqué par opposition au pluriel, la 3e pers du singulier par opposition aux autres, le présent de l'indicatif par rapport aux autres temps, l'indicatif par rapport aux autres modes etc.

arbre, un fauteuil, un train… Non plus que le féminin : la mort, la chaise, la lune (comme en témoigne le fait que l'équivalent de ces mots en allemand est masculin : *Der Todd, Der Stuhl, Der Mond…*).

4) Il n'y a donc pas davantage lieu de mettre un sexe à tous les mots qui désignent un être humain. Par exemple, le mot « homme » signifie en contexte soit la moitié masculine de l'humanité, soit (sens conforme à l'étymon *homo, hominem*), l'espèce humaine. Il est donc inutile de dire « les humains » ou de mettre une majuscule à un nom commun (l'Homme vs l'homme qui recouperait l'opposition en latin *homo* vs *vir*). Le contexte suffit à lever l'ambiguïté : « les Droits de l'homme » sont *ipso facto* les droits d'*Homo sapiens* et concernent tout autant le sexe féminin.

Il est de la même façon remarquablement superflu et absurde de mentionner à chaque fois les deux composantes sexuées d'une population. Sans doute quand le Général De Gaulle s'exclamait « Françaises, Français ! » paraissait-il en avance sur son temps : mais il entendait en réalité bien distinguer les femmes (génitrices, mères et épouses) des hommes (travailleurs, producteurs de richesse, défenseurs de la patrie, effectifs, retraités ou potentiels) et non se donner un air de féministe qui ne lui eût qu'assez modérément convenu.

Il est d'un ridicule achevé (comme on disait jadis) de s'exclamer « Nantaises, Nantais ! », ou « Alto-Séquanais, Alto-Séquanaises[18] » et encore « Alto-Françaises, Alto-Français ». Pourquoi pas « Terriennes, Terriens ! ». Ou, ainsi qu'on a pu le lire récemment sous la plume d'un… professeur au Collège de France préfaçant un ouvrage collectif, parler des « historiennes et des historiens » qui ont participé à ce pensum[19]… Pourquoi donc toujours tout vouloir ramener à la différenciation sexuée ? Que nous importe que tel historien soit de sexe masculin ou de sexe féminin ? Cela doit-il avoir le moindre impact sur ses travaux ? En revanche, on notera que ledit professeur avait conservé la préséance due aux personnes du beau sexe -ce que ne manqueront pas de lui reprocher les disciples de l'ultra-féministe Judith Butler, lesquelles ne tolèrent pas qu'un homme leur retienne la porte ou s'efface galamment devant elle -sauf s'il s'agit d'un effacement intellectuel ! On atteignit en l'espèce un nec plus ultra du ridicule. N'y a-t-il pas au-delà de la différence homme-femmes, un

---



[18] Habitants des Hauts-de-Seine et, pour l'exemple suivant, de cette ridicule région des « Hauts-de-France » (sans doute la région la moins élevée au-dessus du niveau de la mer !).

[19] Patrick Boucheron, *Histoire mondiale de la France*, 2016, plaisamment sous-titrée par un célèbre critique « ou comment dissoudre la France en 800 pages. »

dénominateur commun, l'humanité dont rend compte le mot masculin (point n°3) ?

Le Président Macron  -et à sa suite ses ministres et ses admirateurs commet le même genre de faute où le comique de répétition le dispute au ridicule quand il ne peut s'empêcher d'additionner inutilement les deux genres : « Celles et ceux qui sont en situation irrégulière etc. ». Un tic des plus lassants.  Pourquoi pas, pendant qu'on y est : « Les clandestins et les clandestines », « les délinquants et les délinquantes », « les pauvres et les pauvresses », « les bisexuels et les bisexuelles », « les professeurs et les professeures » etc.


On pensait toucher le fond de la sottise, mais on rencontre pourtant encore pis : les officines gouvernementales entendent rendre obligatoire une forme de pataquès imprononçable et des plus laborieux à écrire, forme cumulant toutes les aberrations et inepties que nous avons tenté d'analyser. Laissons ici la parole au fameux linguiste Alain Bentolila : « Ainsi, il conviendra d'écrire « les sénateur.rice.s » (Ce qui, ajouterons-nous, doit se prononcer à peu près : « les sénateurrices). « Beaucoup de bruit pour rien, poursuit le linguiste. Car ce que ces bons apôtres ne comprennent pas, c'est que lorsque l'on utilise un mode générique[20] comme dans « un sénateur est élu par de grands électeurs » ou « les sénateurs sont élus… », on se fiche complètement de savoir combien il y a de mâles et de femelles dans l'ensemble ainsi désigné. Mieux même, toute précision de cet ordre contredirait le choix générique. » (I.e. : si on choisit le terme générique c'est précisément pour effacer les spécificités, en l'occurrence sexuées).

Le 26 octobre 2017, l'Académie a solennellement et définitivement fulminé contre cet abominable charabia : « La démultiplication des marques orthographiques et syntaxiques que (la norme imposée) induit, aboutit à une langue désunie, disparate dans son expression, créant une confusion qui confine à l'illisibilité. On voit mal quel est l'objectif poursuivi et comment il pourrait surmonter les obstacles pratiques d'écriture, de lecture -visuelle ou à voix haute- et de prononciation[21]. »

Et le poète et traducteur britannique Michael Edward, de … l'Académie française, d'ajouter : « C'est la chair même du français qui est ainsi rongée et son esprit qui se trouve frappé d'une sorte de bégaiement cérébral. »

---

[20] Générique : ici, qui renvoie à un niveau plus grand d'abstraction : ici, sénateurs, englobe les sénateurs masculins et les sénatrices (cf point 3).
[21] La plupart des linguistes et orthophonistes ont mis en garde contre l'illisibilité de telles formules proprement désastreuses pour les dyslexiques.

L'essayiste québécois Mathieu Bock-Côté pointe la volonté totalitaire à l'œuvre dans cette funeste entreprise : « Les tenants du politiquement correct supposent que la langue est absolument transparente, et qu'on peut la déconstruire et reconstruire au gré de nos désirs politiques en suivant les consignes de l'ingénierie linguistique. La maîtrise absolue du langage et de ses codes donne l'impression de la maîtrise absolue de la pensée. C'est un fantasme de toute-puissance quasi totalitaire qui s'exprime par-là et qui ne tolère aucunement la dissidence, dans laquelle on ne veut voir qu'un résidu du passé. L'écriture inclusive veut vider la langue française de ses charmes, de ses nuances et des mots qui ne se laissent pas enrégimenter dans son combat. »

5) En revanche, on doit reconnaître, par parenthèses, la grande sagesse de la Docte Assemblée, qui recommande une distinction fine et légitime. Le distinguo entre fonction et personne qui l'incarne. Ainsi, « Madame Kosiuzko-Morizet sera nommée par le prochain président ambassadeur aux Iles Sandwich-du-Sud ; en l'interpellant dans le corps d'un courrier ou lors d'un cocktail, il conviendra de l'appeler « Madame l'Ambassadrice » par égard pour sa personne physique. » Ou encore : « Madame Valaud-Belkacem est nommée préfet

de Terre-Adélie ; appelez-la « Madame la Préfète ».

6)  *Last but not least* (pour revenir une dernière fois à la critique des prescriptions ministérielles), les féministes les plus échevelé(e)s s'abîment dans les contradictions : il faudrait dire une directeur de recherche car « directrice » sentirait l'école primaire et serait désobligeant (!) ; une maire, une docteure, une ministre, car mairesse, doctoresse ou ministresse sentiraient la chanoinesse, l'abbesse, la prêtresse, la papesse ou la pastoresse donc des bondieuseries peu laïques[22] ; une pharmacien, une ambassadeur (ou ambassadeure ?), une préfet, une général, une amiral ou une maréchal (mais il n'en existe pas !), car pharmacienne, ambassadrice, préfète, générale, amirale, maréchale, désigneraient traditionnellement les épouses de ces messieurs !

Or tous ces mots existent naturellement au féminin : il n'y a donc pas lieu de s'en priver dès lors qu'une « personne du beau sexe » (diable ! voilà une expression qui vaut

---

[22] Une éminente universitaire féministe rappelle aussi qu'il exista jadis des mots comme notairesse, médecine, philosophesse... Pourquoi non, n'était -dans le dernier cas- le calembour involontaire ?

anathème à son utilisateur!) exerce ces fonctions ! On atteignit le summum de l'incohérence lors de la nomination de Frau Merkel à la chancellerie allemande : il eût été séant de dire -selon quelques plumitifs (ou plumitives)- « le ou la chancelier » car « la chancelière » -outre l'épouse du chancelier- serait une petite boîte ou tenir ses pieds au chaud près de la cheminée ! Or les Allemands disent « Die Kanzlerin » par opposition à « Der Kanzler ». Il fallut donc que les filles de Madame de Beauvoir[23] rendissent les armes, d'autant que nous autres Français n'avons plus de chancelière[24] depuis 1789 et n'avons donc plus voix au chapitre sur la question!

7) Conclusion : suivons les recommandations de l'Académie : oui au féminin quand il s'entend et qu'il vient naturellement, non à sa systématisation orthographique qui paraît vouloir partout imposer un sexe aux détenteurs des fonctions et des métiers. Non à son redoublement cacophonique quand il s'agit d'un pluriel générique.

---

[23] On veut parler des héritières de Simone de Beauvoir (1908-1986), immortelle papesse du féminisme.
[24] Epouse du Chancelier de France, ministre de la justice et premier dans l'ordre protocolaire après le roi

## Feu, feue, feus, feues

-Attention à l'accord : « la feue reine », « feu mon père », feues mes grands-mères » (lat : fatutus, qui a accompli son destin, donc  (assez) récemment décédé). Archaïque mais pudique et respectueux des défunts, donc distingué.

## Futur périphrastique des plus courants et des plus inélégants

On appelle « futur périphrastique » la forme « aller + infinitif » qui devrait être réservée à l'expression d'un futur immédiat : « A bientôt, je vais prendre le train de 18h00. » Donc, presque exclusivement à l'oral ou dans la correspondance familière ou les SMS.

Or, on assiste depuis quelques décennies à un abus d'origine apparemment journalistique (à moins qu'il ne soit dû aux historiens du dimanche) qui en fait un substitut du présent de narration : « Louis XIV va prendre le pouvoir à la mort du Cardinal de Mazarin, il va faire condamner le Surintendant Fouquet, mater les parlements, domestiquer la noblesse. Puis il va livrer de nombreuses guerres à l'Europe coalisée. Finalement, il va mourir après un règne de soixante-douze ans et va laisser une France à la fois grande et fragile. »

On voit bien qu'ici on se place dans le passé comme si c'était le présent -à l'instar du présent de narration auquel on peut commuter tous les verbes- mais en se positionnant comme en surplomb et en avance par rapport à l'action que l'on fait défiler devant soi, un peu comme si on la pilotait ! C'est assez vite lassant, d'autant que la répétition de « va + infinitif » est d'une lourdeur proprement affligeante.

Si on veut conserver l'impression d'une série nécessaire d'actions, autant utiliser le futur simple (qu'on appellerait logiquement *futur de narration* ou *futur de mise en perspective* ou, pourquoi pas *futur de fausse nécessité* !) : on vous laisse faire les substitutions nécessaires : « Louis XIV prendra le pouvoir... fera condamner le Surintendant... matera les Parlements ... mourra ...et laissera... »

En revanche, on prohibera la forme « aller + infinitif » partout et toujours -à la seule exception du premier alinéa- et dans tous les types de sujets de Bac, tout spécialement dans les dissertations où il prolifère comme de la mauvaise herbe lors de la présentation des exemples.

# G

## Gazouillis (Tweets)
## et SMS dysorthographiques

Vous admettrez volontiers que votre orthographe « numérique » laisse fort à désirer. Voici quelques horreurs puisées dans les tweets politiques - gazouillis fort vomitifs- qu'on vous laisse le privilège de corriger :

- « C'est vous qui auraient le dernier mot. La France compte sur vous @Elysee » (F. Hollande, 1ᵉʳ janvier 2017)

- « C'est parce que la France défend la liberté que les artistes du monde y trouve refuge. @Azoulay » Madame Azoulay serait ministre de la Culture !

- « Vous avez changez d'avis sur la déchéance de nationalité, faites le sur l'immigration pendant qu'il est encore temps @ECiotti ». Trois fautes ! Monsieur Ciotti est député des Alpes Maritimes.

- « La politique échappe-t-elle à l'exigence de vérité ? Pourvu que les candidats du BACPHILO (?)

aient eu de saines lectures. » @BernardAccoyer. » Ancien président de l'Assemblée nationale !

Vous noterez qu'il s'agit toujours de fautes d'accord, donc de syntaxe, chose infiniment plus grave qu'une consonne surnuméraire ou non redoublée. Et que ces messieurs disposent de nuées de collaborateurs supposés experts !

# Globish (décalque du)

- « *se baser sur » (base on) pour « s'appuyer sur ».

- «*en charge de« (in charge of) au lieu de « chargé de ». Et -apparemment sur le même modèle- « *en capacité de » pour « capable de » ou « apte à »

- « *dû à » (du to) pour «en raison de » et autres connecteurs causals. Remarquablement monstrueux.

-juste : « *Justin s'est juste (just !) trompé de chemise» pour « Justin s'est seulement trompé… ». « *J'ai juste raison » i.e. « tout simplement » ; « *Paul est juste arrivé » : « Paul vient d'arriver. »

- « le plus on est armé, le moins on est en danger » (un avocat sur LCI, le 3 février 17) (structure : *the* more..., the less...) au lieu de « plus on est armé, moins on est en danger. »

-opportunité : «la chute de la Bourse est une *opportunité pour acheter beaucoup d'actions » (opportunity) pour « une occasion ».

« Opportunité » existe bien en français, mais (au moins au singulier) c'est un terme abstrait : «Vladimir Poutine va examiner prochainement l'opportunité (le caractère opportun) d'envahir l'Ukraine. »

A la limite au pluriel car ces mots en « ité » sont souvent abstraits au singulier et concrets au pluriel : « la liberté guide nos pas vs les libertés publiques, la valeur Fraternité et la valeur Solidarité vs les fraternités de rencontres et les solidarités de circonstances », donc (si on y tient) : « saisir des opportunités. » Mais, c'est « border line » (pardon, à la limite).

-«*la raison pourquoi » (the reason why) au lieu de « la raison pour laquelle. »

-« *réaliser » (realize) pour « prendre conscience ». « Réaliser » se dit seulement en français pour « réaliser une chose, un objet, un travail » etc.).

-*supporter « *Nous supportons le FCNA. » Abomination de la désolation ! Dites : « Nous encourageons le FCNA. » «Supporter », a soit le sens concret de porter par en dessous (les murs supportent le toit) soit le sens de « souffrir » qu'autrui ou quelque chose vous importune : « Supportons les tribulations de l'existence avec courage » « Je supporte (je souffre) depuis trop longtemps votre désinvolture. »

-admettons « supporteur » comme francisation de « supporter ».


# Globish (Orthographe)


-orthographe anglomaniaque :

*language, *character, *pure (pour « pur » au masculin), *dance, *sex, *symbol, *hero, *future, *phoenix, *default, defence (tant nationale qu'éléphantine !)…

-pluriels anglais déplacés car imprononçables : des *matches, des *sandwiches, des *lobbies…

-en revanche, on maintiendra : des gentlemen sinon, ils ne le seraient plus !

# Grâce à

-doit toujours introduire une cause bénéfique, positive : « *il a succombé grâce à ses blessures », « *grâce à ce contretemps, nous avons manqué l'avion. ». ET inversement : « *à cause de ton intervention providentielle, nous avons eu la vie sauve. » pour « Grâce à... ».

# Gradation dégradée

-« *la France, c'est généreux, la France, c'est noble, c'est grand, la France. » au lieu de « La France  c'est grand, la France c'est noble, c'est généreux la France. » (CDG). Toujours selon un ordre croissant (ou plus rarement décroissant), mais pas au hasard. Sinon, ce n'est d'ailleurs plus une gradation.

# H

## H dite aspirée

Notons d'abord que le genre d'une lettre est féminin (puisque il s'agit d'<u>une</u> lettre) : donc « une » « h » (ne pas confondre avec la grande hache de l'Histoire -d'accord, la plaisanterie est un peu éculée!).

Les mots commençant par une « h » entraînent ou non une supposée aspiration selon leurs origines. En réalité, le procédé phonatoire de l'aspiration n'existe pas en français, contrairement à l'allemand, l'anglais, le grec ancien ou l'arabe. La seule différence est celle d'une liaison ou de son absence.

- Pas de liaison pour les mots d'origine germanique (donc anglaise, saxonne, frisonne, scandinave, francique, néerlandaise etc.) : des Hollandais, des harangues, des harengs, des hussards, des hangars, des heaumes, des hauberts, des haricots, des haras, des homards, des handicapés[25]… ; ou arabe : des hasards ; ou caraïbe : des hamacs…

- Liaisons pour les mots d'origine latine : des hommes, des huiles, des haruspices, des harmoniums…


- Pour les mots d'origine grecque, la logique eût voulu qu'on les considérât comme aspirés (la « h » transcrivant non pas une lettre mais un « esprit » grec marquant l'aspiration, appelé « esprit rude »). Mais en dehors de « des héros » (pour ne pas confondre avec « des zéros » !) ou de quelques autres (« des hiérophantes, des hiérarchies, des hiéroglyphes », mais l'absence de liaison est ici provoquée par la semi-consonne initiale « ié »), on fait la liaison : des hectomètres, des hécatonchires, des Homo ergaster (encore que ces Homo soient par définition toujours singuliers), des hexamètres dactyliques (ou pas), des hendécasyllabes, des heptagones, des heptathlons etc.

- Pour les noms et les prénoms d'origine germaniques, on ne devrait pas faire la

_______________

[25] Anglais : « hand in cap » (main dans le chapeau). Se dit initialement d'un désavantage imposé dans une épreuve pour compenser un avantage indu ou par sanction.

liaison : pourtant on entend parfois « la France d'Henri IV » au lieu de « La France de Henri IV ». La première option est cependant nettement moins royale ! De même « Les Hugues » et non « Les Zhugues. »


- Vous objecterez que vous n'êtes pas philologue pour distinguer la provenance des mots. Pourtant, avec un peu d'habitude, on le devine d'instinct aux sonorités ou aux … spécialités (grecque pour la philosophie et les sciences ; scandinave pour le vocabulaire de la navigation ; germanique, idiomes spécialisés depuis les Grandes Invasions dans le vocabulaire de la guerre !)


## Hidalguismes


La maire -ou mairesse- de Paris régnante et triomphante s'est fait une spécialité des énoncés amphigouriques et autres pataquès divertissants. Il serait juste de l'honorer en nommant ainsi ces énoncés abracadabrantesques qui prolifèrent chez les bureaucrates et autres néo-politiciens. En voici quelques exemples.

- « *Ces Jeux (olympiques) seront un véritable accélérateur de transition écologique.* » (Hidalgo)

- « *Cortège féministe autonome inclusif intersectionnel non mixte* » : manifestation entre filles, multiculti mais excluant les personnes de genre masculin (agenda de paris-luttes.infos, la traduction étant ici proposée par le mensuel *Causeur*)

- « *Monsieur Macron, chantre de la start-up nation (nation-jeune pousse, plutôt), veut même transformer le mastodonte ferroviaire (i.e. la SNCF) en une entreprise d'agrégation de mobilités* ». (*Le Monde*)

- « *J'espère avoir contribué à l'évangélisation du marché français au co-working, véritable révolution* » (Séverin Naudet, PDG de WeWork, in *Le Figaro*) (pour « développement et promotion »)

Les hautes autorités pédagogiques du Ministère de l'Education nationale ont toujours été championnes du monde en la matière. On se souvient de « l'apprenant » pour l'élève, du « référentiel bondissant » pour le ballon, du « milieu aquatique homogénéisé » pour « piscine » etc. etc.

# Hollandismes

Reprise du sujet sous la forme d'un pronom : « *La France, elle va mieux », « *La police, elle a ma confiance. », « *Le gouvernement, il entend lutter contre Dash[26]. », «*les jeunes, ils sont l'avenir du pays », « la courbe du chômage, elle s'inverse, celle de ma popularité, elle repart ». » etc. etc. etc. (ad libitum !).

Plus bas niveau langagier possible : «A travers cette horreur syntaxique, le chef de l'Etat parle aux Français comme à des enfants de grande section de maternelle, voire à des demeurés » (R. Redeker).

Et en paraphrasant le Surintendant Fouquet, nous serions tentés de nous exclamer : « Quo non descendemus ? », jusqu'où ne descendrons-nous pas ? Et la France avec.

Certes, la construction segmentée existe, mais pour créer un effet spécial de rupture par rapport à la syntaxe ordinaire, pas à toute occasion : « La France, c'est pas la gauche, la France, c'est pas la droite » (CDG). Et quand on s'appelle De Gaulle, on peut même se dispenser de la double négation !

---

[26] Marque de lessive des années 60 mais prononciation hollandaise !

# I

## Il y a : : un présentatif à bannir

On bannira presque systématiquement cette tournure impersonnelle passe-partout à la charge sémantique quasi nulle et de registre presque familier. Le complément de « il y a » gagnera à devenir sujet d'un verbe plus précis :

- « Grâce au progrès technique, il y a eu une grande évolution sur le plan sanitaire. » ==) « Grâce au progrès technique, des évolutions majeures sont apparues (se sont développées, déployées) … »

- « Le bilan humain fut catastrophique : il y eut entre 60 et 80 millions de morts ainsi que plusieurs dizaines de millions de blessés. » ==) « on dénombra entre 60 et 80 millions de morts » ou « 60 millions d'êtres humains périrent. » etc.

- « Il y avait dans la chambre froide un monceau de victuailles » ==) « Dans la chambre froide, un monceau de victuailles s'offrait à notre appétit. » (ou « à l'appétit des intrus », tout dépendant du contexte).

-« Il y a sur la desserte du fromage en libre service » ==) « le fromage est en libre service/ est proposé ad libitum ! »

-« Il y avait plein de naïades sur la plage » ==) « D'appétissantes brochettes de naïades lézardaient lascivement sur l'arène brûlante de la plage. »

-« Il y a trop de chômage en France. » ==) « La France souffre d'un chômage massif. »

-« Il n'y a plus de discipline dans cette armée » ==) « la discipline fait défaut… »

-On pourra en revanche et sans hésiter conserver des tournures plus distinguées comme « il y a lieu de craindre que… »


## Imparfait du subjonctif


De toutes les langues latines -castillan, toscan, portugais, catalan… - le français -pourtant la plus prestigieuse de toutes dès le XVIIe siècle- est la seule qui ait quasi abandonné les subtilités de l'imparfait du subjonctif. Il ne s'agit pourtant le plus souvent que de mettre en accord le temps de la subordonnée au mode subjonctif avec celui de la principale (passé simple ou imparfait). Le moindre paysan castillan illettré et affamé sait, quant à lui, spontanément procéder à l'application de ce principe de la concordance des temps !

Ainsi : « le roi souhaite que nous engagions le combat » donne naturellement « le roi souhaita (ou souhaitait ou souhaiterait) que nous engageassions le combat », sans qu'il y ait lieu d'attacher aux sonorités une connotation comique (on ne voit guère que celles-ci puissent être (pussent être -pour marquer davantage la virtualité) intrinsèquement comiques. Les Italiens ou les Espagnols ne considèrent pas que leur subjonctif imparfait le soit !

On peut au moins conserver la troisième personne du singulier beaucoup plus discrète : « On craindrait que le bellâtre ne s'épuisât par trop de musculation et qu'il déçût ces dames», « Il faudrait qu'elle prît le bus et qu'elle ne manquât son avion » ; « Nous nous étonnions que la chancelière eût déjà atterri et que Flanby n'arrivât toujours point. » ; « Il eût fallu que le président présidât, qu'il voulût trancher entre les clubs et les clans et qu'il revêtît ainsi la pourpre de sa fonction. » ; « Valérie n'acceptait pas qu'il dormît avec son ours en peluche ni qu'il se complût dans les effusions et qu'il en oubliât son devoir d'Etat» ; « Avant que la bataille ne s'engageât, les généraux convinrent qu'on haranguât les troupes et qu'on leur offrît un verre de cognac. » ; « Que Diderot crût en Dieu ? Cela ne se pouvait. » ; «L'entraîneur voulait qu'on gagnât le prochain match, qu'on bousculât d'abord l'adversaire, qu'on le plaquât, puis qu'on l'estourbît et l'aplatît, enfin, qu'on le vainquît et le détruisît, qu'on l'écrasât, l'épreignît, le dissolût, le compostât, l'écrabouillât, l'escarbouillât, de sorte qu'on regrimpât le classement du Top 14, qu'on ceignît les lauriers de la victoire, qu'on fût enfin exhaussé sur le bouclier de Brennus et qu'on n'en redescendît jamais», etc.

 Quoi qu'il en soit, il demeure quelques cas où l'on ne saurait se dispenser du subjonctif imparfait, par exemple celui de la concessive : « Bien qu'il fût fort tard, nous soupâmes de bon appétit ». Sinon, la discordance temporelle est criante : «*Bien qu'il soit trop tard, nous soupâmes de bon appétit ».

On se reportera au fascicule 5 pour consulter la liste des passés simples à partir desquels se forme (ou paraît se former) l'imparfait du subjonctif : il mangea ==) qu'il mangeât ; il but ==) qu'il bût ; il devint ==) qu'il devînt ; il estourbit ==) qu'il estourbît etc. ;

# Incommensurable / Commensurable

L'adjectif « incommensurable », issu des mathématiques et de la philosophie, apparaît fort en vogue depuis quelques temps. Mais son usage médiatique est quasi toujours douteux car on l'emploie dans un sens dérivé et au bout du compte tout à fait impropre d' «immense», « considérable », « innombrable »...

Comme toujours, il convient de revenir aux origines. Soit d'abord son antonyme commensurable, lequel paraît bien moins « tendance », par exemple « Somme toute, l'élection de Miss Gaspard-Monge ne devrait pas poser de difficultés insurmontables, la beauté de Marie-Conception et d'Anne-Edouardine ne vous paraissent-elles pas commensurables ? » ! du latin « mensura » (mesure). Lequel, initialement et en mathématiques, « se dit de deux ou de plusieurs grandeurs qui sont chacune un multiple entier d'une autre grandeur » (Lexis) (soit, sauf erreur qu'on vous laissera le plaisir de rectifier, le périmètre d'un carré). « Incommensurable » en est le contraire (« le cercle et son diamètre sont incommensurables. »).

Lexis admet cependant en sens 2, l'emploi vulgaire donné ci-dessus (§1). Mais propose cependant un

*3ᵉ sens introduit en 1738 par rien moins que Monsieur de Voltaire et qui nous paraît seul valide (en dehors du sens mathématique) : « Se dit de deux choses sans élément commun, sans commune mesure ». Comme vous diriez familièrement, mais peut-être à bon escient, de deux propositions ou arguments : « ça n'a rien à voir ! ». Et propose l'exemple emprunté à Jules Romain : « La vie que les gens estiment si précieuse, incommensurable avec les autres biens. »[27].*

*Outre le sens mathématique -parfaitement cohérent avec ce dernier sens-, seul cette acception nous paraît cependant recevable. Il est impérativement nécessaire de disposer dans l'étude de l'argumentation et en philosophie - voire en logique ?- d'un terme précis qui récuse l'établissement d'une relation entre des termes ou des propositions d'ordre différent. Nous nous apprêtions très immodestement et sans guère d'autorité à déconseiller le sens courant (sens 2 de Lexis) quand nous avons eu la satisfaction de lire que le Dictionnaire historique de la langue française nous donnait raison ! Et donc tort à Monsieur Jean Dubois, maître d'ouvrage du Lexis, ordinairement infaillible!*

*Ainsi, « Justifier la fabrication d'armes de guerre par la lutte contre le chômage » n'est pas*

---

[27] *Nous eussions préféré : «... incommensurable aux autres biens. » Mais enfin, nous ne sommes pas Jules Romain, assurément.*

acceptable, car ce sont là des propositions incommensurables. On oppose en effet un argument économique à un argument moral ; or la morale doit nécessairement l'emporter sur l'économique ; concrètement, pourrait-on justifier la création de cent mille emplois sachant qu'une seule arme pourrait tuer un seul homme ? Évidemment non, sauf à faire preuve de cynisme, c'est-à-dire à s'asseoir sur la morale. En revanche, et au risque de décevoir les « humanitaristes », on peut soutenir l'industrie de l'armement par la nécessité -d'ordre moral également- de défendre la Patrie !

## Interrogations élégantes ou divertissantes

Une interrogation en registre soutenu évite la lourde tournure « est-ce que » (ou a fortiori l'absence de modification de la syntaxe avec intonation ascendante seule) et préfère l'inversion du sujet. Enfin, en principe :

-Mangé-je seulement des laitages et des potages ? Que te sers-je à boire ? Quelles connaissances acquiers-je en lisant ce roman ? Sera-ce la bonne solution ? Où corrigé-je ? Dus-je me décider? Epreins-je ce citron ? Me nourris-je ? Que devins-je ? Où cours-je et dans quel état erré-je ? (d'après Coluche) ; Qu'ouïs-je ? Dors-je et rêvé-je ? Etreignis-je un spectre? Jouis-je de la plénitude de mes facultés sensorielles ? Pars-je ou ne pars-je pas ? Meurs-je si jeune ? Vomis-je du sang? Comment se fait-ce ? etc.

On notera qu'au présent des verbes du premier groupe le «e » de la première personne devient «é » -mais que ce « é » est spontanément prononcé « ê » pour des raisons liées à la phonétique du français et qu'il conviendrait donc qu'on rectifiât l'orthographe.

# Interrogation indirecte en forme de solécisme particulièrement disgracieuse

«*Nous nous demanderons comment le poète exprime-t-il sa douleur ? » au lieu de « Nous nous demanderons comment le poète exprime sa douleur. »

Ni point d'interrogation, ni reprise inversée du sujet, ni interrogation ascendante. Le verbe introducteur indique bien qu'il s'agit d'une question.

# Inversion déclaratives (non-interrogatives !) du sujet

- «Ainsi le romancier nous a-t-il décrit l'atmosphère qui régnait dans la mine » : l'inversion est plus élégante après un adverbe de manière commençant la phrase. («Certes pourrions-nous craindre que… », « Sans doute pourrait-on penser que… » etc.) Ce ne sont pas des formes interrogatives. (solécisme bénin mais néanmoins dommageable!)

# Investir et ses quatre origines

Voilà un verbe tantôt issu directement du latin, tantôt de l'italien, tantôt de l'anglais voire - indirectement- de l'allemand ! Et dont l'évolution récente est remarquablement aberrante !

1)    Latin *investire* : conférer une fonction (à l'origine en vêtant la personne investie d'un habit propre à l'identifier : « l'extravagant Président Trump a été investi officiellement ce 20 janvier 2017 »). D'où « investir quelqu'un de sa confiance » (ca 1200).

2)    Italien *investire* (évidemment d'abord du latin): encercler une armée ou une ville en coupant ses communications (vocabulaire militaire) (1320).

3)    Anglais *to invest* (du latin) : placer de l'argent, des capitaux… (1922)

4)    Allemand par traduction (ca 1950) de *besetzen* (occuper) utiliser en psychanalyse (« conférer à une représentation une forme d'énergie psychique », Lexis) et plus couramment  dans le sens d'attacher de l'importance : « s'investir dans son travail ».

C'est le sens 2 qui a récemment évolué -encore les journalistes de la télévision !- pour signifier « pénétrer dans un lieu », dans un sens militaire (voire dans un sens vaguement médical : « le bacille a investi les poumons du malade. »). On veut bien que la langue évolue, sans doute, mais en l'occurrence c'est pour le moins curieux que de passer du sens d' « encercler » à celui de « pénétrer dans ». C'est parfaitement illogique !

# J

## Jeunes gens

Un jeune homme, des jeunes gens (*des jeunes hommes); une jeune fille, des jeunes filles.

Des jeunes gens et des jeunes filles (si «des jeunes gens », uniquement des garçons !).

Ex : « Jeunes gens nés en 1960, faites-vous recenser ! » (affiche 1977). Les jeunes filles n'avaient pas à le faire puisque elles étaient dispensées du service national.

Contre-exemple : « Le Vieillard et les trois jeunes hommes » de Monsieur de La Fontaine ! Mais la langue était en cours de fixation !

## « *Jusqu'où ne pas aller trop loin. »

- « *Le sanglant tyran Nord-Coréen sait-il jusqu'où ne pas aller trop loin pour ne pas provoquer une vitrification générale de la région ?»

L'expression pendante, apparue peut-être il y a une trentaine d'année, se voulait humoristique car elle comporte une dimension paralogique, supposément comprise de l'interlocuteur. L'abus de l'expression en a fait oublier son caractère absurde.

En effet, on ne voit pas « jusqu'où » on pourrait aller si « on ne va pas » («ne pas aller ») ! Soit « on ne va pas » et donc on reste immobile, soit on y va mais il faudrait s'arrêter avant d'aller trop loin et subir à partir de ce moment M des inconvénients ou des représailles !

En fait, l'expression veut condenser deux étapes : on va *jusqu'à* un certain point (*terminus ante quem*), on s'arrête -ou on devrait le faire- à un moment précis à partir duquel (*terminus post quem*) ce serait mauvais et en l'espèce fort dommageable pour les ressortissants des pays d'Extrême-Orient! Mais cette condensation sacrifie la logique sur l'autel du non-sens !

Il faut donc dire : « Le sanglant tyran ... sait-il jusqu'où il peut *aller* avant qu'il n'aille trop loin ? » ou plutôt (pour éviter la lourdeur de la répétition qu'on a proposée ici pour mieux souligner quel serait l'énoncé logiquement correct le plus proche de l'énoncé vicieux) « ...jusqu'où peut-il aller avant de franchir la limite ? » Ou encore : « ... sait-il quelle limite il ne doit pas franchir ? » ou, plus pédant et plus diplomatique, « …connaît-il le *terminus post quem* qui lui serait fatal ? » ! etc.

Il convient d'abandonner définitivement cette détestable expression dont l'effet comique est entièrement épuisé et d'ailleurs incompris de la masse des locuteurs.

# L

## Lequel, laquelle, lesquels pour « qui »

Quand on veut lever une ambiguïté sur l'antécédent :

- « Don Juan séduisit en une nuit Elvire, Marcelline et Philomène, laquelle n'avait pas 15 ans.

- « Les Alliés vainquirent en un mois les Bulgares, les Turcs, les Austro-Hongrois, les Allemands, lesquels inventèrent la fable du coup de poignard dans le dos ».

Sans doute, la virgule suffit-elle  en principe à lever l'ambiguïté, mais elle « ne s'entend pas » et c'est beaucoup plus net avec « lesquels ».

# M

## Madame, Mademoiselle, Monsieur[28]

1) S'abrègent exclusivement en Mme / Melle / M. / Surtout pas en *Mr qui est anglais. L'abréviation en Mr est en outre totalement inutile : il suffit d'écrire « M. » seul, pour faire la distinction avec Mme, Melle, Me (pour Maître : « Me Ducorbeau, notaire). ». Dans son usage courant, la langue répond au principe d'économie : la lettre « r » est superfétatoire.

2) Il est du dernier malséant de se présenter soi-même par ces appellations de courtoisie. Et plus encore pour l'ex-sexe fort ! Imaginez : « Je suis Monsieur François Fillon et je me présente aux suffrage de la plèbe. ». D'autant que « Monsieur » est l'abréviation de « Monseigneur » et que, à l'instar de « Madame » ou « Mademoiselle, il était jadis réservé à la noblesse, puis s'est étendu à la bourgeoisie et -au XXe siècle seulement- au

---

[28] C'est ainsi -individualisant ses 55 millions d'auditeurs- que le président Valéry Giscard d'Estaing commençait toutes ses allocutions télévisées !

peuple. Pourquoi pas tant qu'on y est : « Je m'appelle Monseigneur Dupont, professeur de Belles Lettres» au lieu de « M. Jean Dupont... » ! C'est par politesse qu'on emploie ces termes à l'adresse d'autrui ; on ne saurait sans manquer à la modestie la plus élémentaire -et donc à la courtoisie- s'attribuer des titres si pompeux. Imaginez encore : « Bonjour les enfants, je suis Ma Majesté Guillaume VI Alexandre, roi des Pays-Bas et ma devise est la vôtre ! » C'est pareil !

3) L'abolition du titre de « Mademoiselle » par oukase gouvernemental non validé ni par l'usage du peuple, ni par l'Académie. S'il paraît légitime de ne pas faire de discrimination (mais dans ce cas, on eût aussi bien pu rétablir l'appellation de « Mondamoiseau » !) en n'interpellant plus une femme célibataire par un « Mademoiselle » qui lui renvoyait à la figure sa supposée virginité comme une tare indélébile car irrattrapable et ce quel que fût son âge, il est en revanche bien navrant qu'on s'obstine à vouloir appeler les jeunes filles et les jeunes femmes par un titre qui les vieillit de dix ou quinze ans. La galanterie fait partie de la civilisation française au plus haut degré. Les technocrates incultes qui prétendent nous gouverner l'ignorent évidemment.

# Malgré que/ Malgré qu'il en ait

«*Malgré qu'il conseille le roi» est un solécisme. Ce n'est pas illogique (on voit bien que ce serait un synonyme familier de « bien que » ou « quoique »), mais c'est très dysphonique (deux consonnes gutturales !). Et superfétatoire puisqu'on dispose des deux conjonctions précitées.

Il est vrai qu'André Gide -prix Nobel 1947 et « contemporain capital »- avait la manie des « malgré que » qu'il prétendait ériger en norme. Histoire de se distinguer en s'accordant furtivement une escapade canaille par un tour plébéien (i.e. racaille) avant de retourner au plus orthodoxe purisme dont il était le héraut et le parangon (le modèle), jusqu'à verser dans le style précieux...

En revanche, il est licite de dire « Malgré que j'en aie, malgré que tu en aies, malgré qu'il en ait, que nous en ayons etc. » comme synonyme de « malgré moi, toi, lui etc. « Malgré qu'il en ait, Juppé a dû s'incliner devant son vainqueur. »

# Mature

- «Mon père est un homme *mature* » : l'adjectif se dit soit des poissons en âge de frayer, soit d'un homo sapiens sexuellement formé (donc à l'issue de la puberté !). On peut donc espérer qu'à quarante ans révolus votre père le soit ! Autrement, dites « mûr ».

# Moult

Du latin « multium», nombreux, beaucoup de ; « moult » est le cousin du castillan « mucho » et du toscan «molto »[29]) ne s'accorde plus avec les mots qu'il détermine depuis le XIVe siècle. Attention, c'est un archaïsme qu'il n'y a pas lieu d'employer sinon dans le *style troubadour*, pour faire « médiéval » (et non moyenâgeux, toujours péjoratif). Ce n'est d'ailleurs pas d'une originalité exceptionnelle ou alors il faudrait que « moult » ne soit pas seul à donner cette coloration à votre production !

---

[29] Est-il apparenté par l'indo-européen à l'anglais « much » ? A vérifier.

# N

## Naguère et jadis

- « *Naguère*, nous étions encore de gentils collégiens, purs comme de blancs agneaux » vs « *Jadis*, assoiffé de savoir, j'aimais me rendre au lycée tous les jours ».

Dans le premier cas, vous êtes encore jeune, lycéen ou étudiant et vous vous remémorez une période de votre vie toute proche. Dans le second cas, vous avez au moins atteint le demi-siècle ! C'est cette opposition que l'on rencontre dans le recueil de poèmes de Verlaine, *Jadis et Naguère*.

L'adverbe *naguère* est la contraction de « il n'y a guère » (de temps). Tandis que *jadis* évoque un lointain passé, antérieur même souvent à sa propre existence ou qui suppose à tout le moins que vous ayez entamé votre descente vers le néant ! Soit encore : « *Naguère*, au début des années 90, nous ignorions encore l'usage du téléphone portable. » mais « *Jadis*, seul le courrier postal permettait de rester en relation avec ses proches. »

La faute est fréquente qui consiste à employer *naguère* pour *jadis* (commise même -*horresco referens*!- dans ses *Mémoires de Guerre* par le général de Gaulle Soi-Même!). Elle n'en est pas pour autant acceptable car *naguère* porte en lui son origine et car les deux adverbes forment une opposition très signifiante. On évitera catégoriquement ce non-sens.

## Double négation omise

-« *la France doit pas s'engager en Syrie » : la négation principale (ne) a été oubliée ! Autre forme de hollandisme.

-Si vous trouvez la double négation superfétatoire[30], il convient de tenter de retirer la seconde particule, qui n'est pas d'origine et constitue un pléonasme visant à bien marquer qu'il s'agit d'un énoncé négatif. C'est aisé avec les semi-auxiliaires (Je ne veux vous entendre, il ne peut accéder à votre requête, tu ne sais que dire, nous ne devons céder, il ne vous faut répliquer...)

---

[30] *Se dit d'une loi -donc par extension, d'un mot- qui n'a pas lieu d'être car une autre loi, un autre mot existe déjà. N'est donc pas exactement un synonyme (car plus précis) de superflu.*

et fait passer immédiatement l'énoncé au registre très soutenu.

-C'est plus délicat autrement : « Je ne mange de viande ni de poisson, *il ne court vite, *nous ne dormons, *vous ne travaillez… ». Enfin, vous élèveriez votre langue à un haut degré de préciosité et ne passeriez inaperçu !

## Nous

Attention, un « nous » peut en cacher deux autres !

1) « nous » = je+tu ou je+il ou je+vous ou je+il ou je+ils (ou « elle, elles »). Soit un ensemble d'au moins deux personnes dont le locuteur, impliquant dans son discours une ou plusieurs personnes auxquelles il s'adresse ou une ou plusieurs personnes dont il parle.

2) « nous » = je, par modestie. Comme dans la dissertation où l'on sait que « le moi est haïssable » (Pascal) : « Nous nous proposons de démontrer l'immortalité de l'âme en trois points » (Ouf !).

3) *« nous = je de majesté, ou, pour mieux dire, de souveraineté : «Nous, Louis XX roi de France et de Navarre, à tous présents et à venir, Salut ! » ; « Nous, le peuple des États-Unis, en vue de former une union plus parfaite, d'établir la justice, d'assurer la paix intérieure, de pourvoir à la défense commune, de développer la prospérité générale et d'assurer les bienfaits de la liberté à nous-mêmes et à notre postérité, nous ordonnons et établissons la présente Constitution pour les États-Unis d'Amérique. » ; « Nous, Kevin Duboeuf, Juge aux affaires familiales, arrêtons les dispositions suivantes quant à la résidence alternée des septuplés... » ; « Nous, Carrier, Représentant de la République en mission à Nantes, vous déclarons unis par les liens indissolubles du mariage républicain. » ; « Nous, François II, pape de la Sainte Eglise romaine, proclamons solennellement en ce premier janvier MMLXXXIX, fête de la Circoncision de Notre Divin Rédempteur, le dogme de la Virginité de N.S.J.C. »...*

*On ne le confondra pas avec « on » (cf. article « on »).*

# O

## Omission très fautive
## du pronom personnel COD

-« *Je lui dirai » pour « je <u>le lui</u> dirai ». Oubli du pronom COD. Registre de langue très relâché et faute gravissime car l'énoncé est incomplet : il manque rien moins que le COD !!! L'horreur syntaxique !

## On

On est un pronom indéfini (et nullement impersonnel) comme chacun, tout, tous, toutes, d'aucuns, certains, quelques-uns, beaucoup, quiconque, tel, maint, etc.[31].

Il est licite de l'employer pourvu que ce ne soit pas à tout propos. Comme on le verra dans l'article

---

[31] Attention, certains peuvent déterminer un nom et peuvent donc aussi être des « adjectifs » ou plutôt des « déterminants indéfinis » : Beaucoup d'hommes, maints paysans, toutes les femmes, tel soldat etc.

immédiatement ci-infra, il vient du latin « homo » qui désigne l'espèce humaine. Il peut donc être employé dès lors que vous voulez parler soit de l'humanité en général («Selon Chrysippe, l'on doit se soumettre aux lois et aux usages du pays où l'on est né» ; « On admet le plus souvent que le triangle comporte trois côtés. ») ou d'une fraction de celle-ci (« On doit, quand on est une femme, savoir défendre ses droits contre la domination du mâle, en se refusant particulièrement à exhiber un voile, stigmate d'aliénation et de soumission. ».)

Il faut cependant éviter de l'employer comme un synonyme de « nous », lequel suppose toujours un « je » (cf. article « nous »).

Par-dessus tout, veillez à ne pas mélanger les deux pronoms : «*Nous nous demanderons comment on pourra résoudre la question. ». Ou inversement : « *On se demande comment nous pourrions résoudre la question. ». Au lieu de : « Nous nous demanderons comment nous pourrions... » ou « On se demandera comment on pourra... ». Il y a dans les deux exemples fautifs discordance entre celui qui demande et celui qui résoudra et dans tous les cas une distorsion de pronoms de valeurs différentes (« *Ce climat nous donne envie de s'installer à la campagne. » ; « se » étant la forme réfléchie de « on »). Et c'est d'un effet bérézinesque.

Dans le langage courant, « on » est la bonne à tout faire : « on ne veut pas de crème anglaise : « on » équivaut-il à « je » (je n'en veux pas), « tu » (alors, on n'en veut pas de ma crème anglaise?), « il », « nous » (nous n'en voulons pas), « vous » (même exemple que pour « tu ») ; « ils », ou « elle » ou « elles » ?

Dans ces emplois -et particulièrement dans les commentaires ou dissertations- on l'évitera ou, à tout le moins on n'en abusera pas.


## L'on


-le pronom indéfini « on » est un jumeau hétérozygote du substantif « homme ». Tous deux viennent du même « père », nous voulons dire du même étymon : le latin « homo, hominen » (i.e. homme en tant qu'espèce vs « vir », homme de sexe masculin). « Homo » étant le nominatif (sujet ou attribut du sujet) et « Hominem » l'accusatif (complément, principalement d'objet direct mais aussi circonstanciel directionnel).

Chacune de ces deux formes latines s'est spécialisée. « hominem » a donné « homme » à la fois dans le sens d' « homo » et dans celui de « vir » (« vir » n'ayant donné qu'ultérieurement des mots savants, encore qu'on en trouve la racine dans « vertu »). En effet (sauf exception ci-dessous), c'est toujours l'accusatif (plus souvent employé) qui a donné naissance aux mots français (et dans toutes les langues latines) et non le nominatif, contrairement à ce qu'on pourrait penser spontanément.

Cependant[32], le nominatif « homo » a donné le pronom indéfini «on ». Lequel en effet ne peut être employé que comme sujet (*on doit aimer on). Sa forme complément est « soi » : « on doit aimer autrui comme soi-même ». « On se doit à soi-même de ne pas mentir » et non « *On se doit à on-même !!! ». C'est également l'étymologie (un substantif, i.e. un nom) qui donne l'explication de la conservation -en registre soutenu- de l'article « l' » devant « on » : « l'on se doit de respecter la « common decency[33] » = « l'homme se doit de respecter ladite décence commune. ». Ce « l' » n'a pas d'explication euphonique comme on l'entend quelquefois, ce qui est une ânerie.

---

[32] Très exactement dans le sens d'origine : ce pendant = pendant cela, i.e. simultanément.
[33] Concept philosophique anglais, il ne s'agit donc pas d'un anglicisme de mauvais goût mais d'une citation! Nuance !

Les germanisants auront fait spontanément le parallèle avec la langue de Frau Merkel : *Der Mann* (l'homme) et *man* (on). (L'orthographe ne change évidemment pas l'identité d'origine du mot, pas plus en allemand qu'en français ou dans quelque langue que ce soit.) Même si la similitude n'est en quelque sorte qu'un hasard, l'allemand n'étant apparenté au français que de fort loin, par l'intermédiaire de l'Indo-Européen (langue d'origine de la plupart des langues d'Europe, il y a au moins 4 ou 6 000 ans).

## Un ours, des ours

-pluriel particulièrement remarquable et divertissant : un ours, des ours. Au pluriel on ne prononce pas le « s » sinon, confusion avec « des ourses », ce qui serait désobligeant pour la virilité de ces messieurs ours ! - raffinement un peu désuet si vous voulez. Diriez-vous : « je dors encore avec mes nounours. » ou « ... avec mes nounour. » ?

# P

## Pauvreté ou lourdeurs lexicales et périphrases choisies

1) N'employez jamais « faire » (verbe passe-partout, à la charge sémantique quasi nulle) ni non plus « avoir » et « être » sinon comme auxiliaires (ou semi-auxiliaires pour « faire »). Sauf « être » dans « je pense donc je suis » !). A ce sujet, se référer à l'article « avoir et faire ».

2) «Pour conclure » ou « en (guise de) conclusion » : l'équivalent de panneaux autoroutiers disgracieux. D'une lourdeur toute didactique et fort peu littéraire. Préférez le concis (et donc élégant) « ainsi », qui placé en tête de phrase annonce une récapitulation. (si après le verbe, une conséquence, un effet...).

3) De même, proscrivez presque toujours -et toujours lors de la première mention- un terme générique comme « auteur » pour préciser d'emblée : le dramaturge, le philosophe, le polémiste, l'essayiste, le romancier ... et surtout le poète (il est très malséant de réduire un poète à un

terme aussi prosaïque qu'*auteur*). Ce n'est là qu'un exemple. La règle s'applique à tout domaine et dans toutes les circonstances.

-Voyez encore : « Ainsi tout *le long du livre* » pour « tout au long de la pièce ». Ne parlez jamais ni de livre, ni de publication, ni de lecteurs etc. quand il s'agit de théâtre (tragédie (ou pièce), représentation, spectateurs...). Idem, s'il est question d'un roman, d'un essai, d'un pamphlet, d'un panégyrique, d'un apologue ou d'un apophtegme ! Et ne parlez pas de *poésie* pour un *poème* (la poésie est le genre, le poème, tel texte poétique en particulier).

4) Tant que nous y sommes, rappelez-vous que -sauf exception nécessairement précisée- les dates qui accompagnent dans le paratexte les textes eux-mêmes sont celles des publications ou des représentations. Ne dites pas : « En 1666, Molière écrit Le Misanthrope. » Double faute : il l'a fait représenter en 1666, et il l'a peut-être bien écrit en 1665, voire auparavant. Parfois, les amplitudes se comptent en siècles entre la rédaction et la publication :

# Participe passé possiblement accordé avec son COD

## règle

L'an de grâce Quinze cent trente-huit, de son règne le vingt-quatrième, François, premier du nom, roi de France par la Grâce de Dieu, manda à son Premier poète, Clément Marot, la fixation des règles sur le sujet pendant. Déférant à l'ordre de son souverain sire, l'auteur de *L'Adolescence clémentine* se fendit d'une épître à valeur d'édit, dans laquelle il voulut, commanda et ordonna, au nom de son maître, que le participe passé s'accordât avec le COD[34] quand celui-ci serait antéposé au verbe. Le quasi-édit royal n'a jamais été rapporté et vous vivez donc toujours sous son joug ! Car tel fut le bon plaisir de François.

## exemples

1) COD pronom relatif « que » portant sans symptômes extérieurs les marques de genre et de nombre de son antécédent : <u>la France</u> <u>que j'ai aimée</u>, <u>les melons</u> <u>que j'ai mangés</u>, <u>les poulardes</u>

---

[34] Cependant le terme même de COD est une invention des grammairiens du début du… XXe siècle !

que tu as englouti*es*, *les femmes que* nous avons possédées, *les hommes que* vous avez séduit*s*.

2) COD sous forme de GN déterminé par le déterminant (ou adjectif) interrogatif « quel » portant lui-même les marques de genre et de nombre : *quelles villes* Napoléon a-t-il prises et soumises ?, *quels pays* as-tu visit*és* ? etc.

3) COD sous la forme d'un pronom personnel (« les » et -cas litigieux- « en » : « Ces princesses, je *les* ai vu*es* », « ces frites, je *les* ai dévor*ées* », «Nous avons participé à maints matchs, et nous *les* avons tous remport*és* », « nous *vous* avons aperç*ues* (donc Mesdames ou du moins Mesdemoiselles) au bal de la Poste ». Des poulardes, ah que j'*en* ai mang*é* (ou « mang*ées* » ; autorisé depuis le 28 décembre 1976).


cas particuliers

1) verbe impersonnels = pas d'accord : On lui a prodigué les soins qu'il a fallu.

2) pas d'accord dans le cas d'un pronom neutre renvoyant à un adjectif : « la crise est *plus profonde qu'on ne l'*a pensé. » (« l' » remplace « plus profonde »)

3) après l'adverbe à valeur de déterminant indéfini « combien », pas d'accord. Combien de

filles as-tu séduit ? (mais tolérance non légalisée, (à la différence du cas du pronom « en ») : combien de filles as-tu sédui<u>tes</u> ?).

4) compléments dits « de prix » ou « de mesure » : les 100 000 euros que nous avons gagné (gagnés) ; les quintaux que le taureau a pesé (pesés). L'accord (entre parenthèses) est licite depuis 1976.

5) cas complexes des participes passés suivis d'un infinitif (séries limitées : voir, entendre, écouter… ; envoyer, mener …).

5.1) les commères <u>que</u> j'ai entendu<u>es</u> caqueter : « que » (antécédent « commères ») est COD de « ai entendu » ==) accord.

5.2) les hymnes <u>que</u> j'ai entendu jouer : « que » est COD de « jouer » ==) pas d'accord.

Par arrêté du 26 février, l'an 1901, on tolérait l'absence d'accord dans le cas 5.1. Par réforme dudit arrêté en date du 28 décembre, l'an 1976, les deux possibilités sont admises dans les deux cas. Pourtant, la règle initiale est logique (mais d'application délicate).

6) On observe une moindre observance de la règle quand le participe est suivi d'un adjectif ou d'un autre participe (mais les arrêtés ne prévoient pas de tolérance) : vous m'avez rendu <u>une dissertation que</u> j'eusse préfér<u>ée</u> construite.

7) Dans les formes surcomposées (Est de la France), l'accord ne se fait pas sur le premier participe : après que nous les avons eu emball*ées*, nous les avons cuisin*ées* et consomm*ées* (il s'agit de papillotes).

8) -pour les accords avec les verbes pronominaux, se référer à l'article « participe passé des verbes réfléchis ».


Justification de l'accord du participe passé avec le COD

Historiquement, le participe passé a été adjoint à l'auxiliaire avoir (ou être, mais c'est une question un peu différente) pour former les temps composés (inexistants en latin). Le participe -à valeur adjectivale- entretient donc un rapport étroit avec le COD auquel il s'applique.

Soient les exemples imités de l'ancien français (morphologie et orthographes modernisées, sauf l'accord) : « l'archer a ses flèches lanc*ées*/ l'archer a lanc*ées* ses flèches/ l'archer ses flèches a lanc*ées*/ lanc*ées*, il a ses flèches /il les a lanc*ées*/ les flèches qu'il a lanc*ées*/ quelles flèches a-t-il lanc*ées* ? » Toutes ces formes syntaxiques se rencontrent en ancien français (XI-XIIIe siècles). Ce sont bien en effet les flèches qui ont été lanc<u>ées</u>. Cet accord est donc parfaitement logique. Et donc le participe peut sans difficultés être disjoint du verbe « avoir », (lequel cependant est en passe de devenir un simple auxiliaire) puisque les marques de l'accord sont non seulement visibles mais surtout« audibles » (la langue étant essentiellement orale au Moyen Age).

Peu à peu, auxiliaire et participe se sont conjoints ou du moins rejoints (encore qu'on puisse les séparer par un adverbe : « il a vigoureusement lancé les flèches » -chose impossible en espagnol, autre langue latine qui connaît comme l'italien une évolution très comparable à celle du français à ce sujet). Et peu à peu, l'accord ne s'est plus fait que lorsque le COD ne suivait pas le verbe, de sorte qu'il n'y ait aucune ambiguïté quant à la relation du participe et du COD.

Comme nous l'avons vu, ces accords n'ont été formalisés qu'au XVIe siècle. Auparavant, la langue n'étant pas fixée, chaque auteur et chaque locuteur pouvait « fauter » allégrement. D'ailleurs, on ne saurait parler de fautes puisque la norme n'était pas édictée. Par imitation du toscan (italien), langue moderne de référence car de grande culture depuis le XIVe (mais cette langue a-t-elle conservé ces règles ? à vérifier), on a décidé que l'accord serait marqué  seulement quand le COD (sous une forme pronominale le plus souvent) serait antéposé au verbe.

## Critique dudit accord

En réalité, des linguistes auraient montré que le maintien de cette règle ne permet de lever une ambiguïté quant à plusieurs COD possibles que dans un cas sur quatre-vingt (d'ailleurs, je ne trouve pas spontanément d'exemples !)

## Conclusion

C'est assez cher payer une règle complexe que même les professeurs de français oublient souvent à l'oral (tout en la sanctionnant avec sadisme ou pédantisme dans les dictées de feu le Brevet !). Il serait sans doute temps de la rendre optionnelle et de la considérer comme ressortissant simplement au registre soutenu ! Depuis un demi-millénaire, le participe passé a largué les amarres qui le retenaient à son COD pour se conjoindre à son auxiliaire par des liens indissolubles !

# Participes passés des verbes réfléchis

Ces règles sont apparemment fort complexes mais toutes -à peu près- logiques.

1) les pronoms réfléchis « me, te, se, nous, vous, se » doivent être considérés comme des COD (bien qu'il s'agisse de l'auxiliaire être). Donc on fait l'accord, puisque le « COD » est avant le verbe : « je _me_ suis lav_ée_ » = « *j'ai lavé moi-même » (et en l'occurrence, je suis une personne du sexe (i.e. du sexe féminin).
-« Je me suis lavée, tu t'es lavé, il s'est lavé, elle s'était lavée, nous nous serions lavés, quand vous vous fûtes lavées ».

2) Pas d'accord, quand « se » équivaut à un datif (i.e. un complément d'objet second) : «Elles _se_ sont raconté des histoires. » « elle a raconté des histoires _à_ sa partenaire » et réciproquement.
-« Trois reines de la Maison d'Orange-Nassau -Wilhelmine, Juliana et Beatrix- _se_ sont succédé sur le trône de Hollande » (datif ==) pas d'accord).
-«Trois reines _se_ sont remplac_ées_... » (= COD ==) accord ; une reine a remplacé sa mère).
-Ils _se_ sont ri de leurs ennemis. Ils se sont plu à les humilier (datif ==) pas d'accord).

3) Les douceurs _qu'elles_ se sont _dites,_ les méchancetés _qu'elles_ se sont murmur_ées_ : accord avec « que » comme dans le cas des temps composés avec l'auxiliaire avoir. Et non avec « se » qui est un datif (= qu'elles se sont murmurées l'une à l'autre)

4) cas du verbe « se rappeler » : _les événements qu'elles_ se sont rappel_és_ (accord avec « que » dont l'antécédent est « événements ») vs « elles _se_ sont rappel_ées_ à votre bon souvenir » (« *elles ont rappelé elles-mêmes à votre bon souvenir » (= cas 1) et non « *elles ont rappelés à elles-mêmes»).

5) Cas du pronom « en » : même règle qu'avec l'auxiliaire avoir : « Des cailles et des poulardes, ah ! que je m'en suis envoyé/envoyées ! ». Au choix par arrêté de 1976. On accorde ou pas avec le COD « en » qui indique une quantité indénombrable. Attention «en » peut aussi être COI (et dans ce cas n'indique pas une quantité), donc évidemment aucun accord : «La question de la Crimée ? J'en ai parlé avec mon ami Volodia, l'affaire est réglée. »

6) « Elle s'est fait prendre au piège » : en revanche, pas d'accord du participe suivi d'un infinitif, car « se » est ici assimilable à un COD de « prendre » et non de « fait ».


## Pataquès


-*stricto sensu* : liaison erronée (mais les liaisons témoignent de l'horreur naturel du français pour les hiatus (succession de deux voyelles) : « j'ai *tardé-r-à venir vous rendre mes hommages », « Ces messieurs *prendronz-à cœur, chère Madame, de vous satisfaire. » « J'ai *troz aimé la guerre et beaucout adoré la chair. » (d'après Louis XIV sur son lit de mort), «On désignait certain jeune homme de bonne famille sous l'appellation de Tala, car il *va-t-à la messe ! »...

-*Lato sensu* : solécisme remarquable par sa lourdeur et le cumul des fautes ou barbarismes.

# Périphrases signifiantes

On choisira pour éviter les répétitions -à moins qu'elles ne soient expressives, chose rare dans le langage ordinaire- une périphrase, mais à bon escient : si vous parlez de Blaise Pascal en tant que polémiste vous direz « l'auteur des Provinciales » ; en tant que philosophe, « l'auteur des Pensées », en tant que mathématicien, « l'auteur de l'Essai de la rencontre d'un cône avec un plan », de l'inventeur « l'inventeur de la pascaline » etc. Ou encore : pour désigner Charles De Gaulle, selon les contextes et les points de vue : le Connétable, le Grand Charles, l'auteur du Fil de l'épée, l'homme du 18 juin, le Général-de-brigade-à-titre-temporaire, le condamné à mort par contumace, le chef de la France libre (ou de la France combattante), le Restaurateur de l'Indépendance nationale, l'hôte de Colombey, l'homme du 13 mai, l'homme du coup d'état permanent, le fondateur de la Ve République, Charles XI, le Souverain, le père du nouveau franc, le parrain de la bombe française, l'homme de la chienlit, le sextuple sauveur de la France etc. etc.

Règle : ne pas donner le sentiment qu'on a recours à une formule passe-partout ou qu'on voulût étaler son savoir -tout en manquant sa cible par un choix en forme de cliché !

## Pire

-*C'est le moins pire résultat de la course » : énoncé remarquablement paralogique : « c'est le moins plus mauvais résultat. » (?!).

-oseriez-vous dire (faute partiellement symétrique) : «*C'est le plus meilleur des élèves. » ? Encore ne s'agit-il là que d'un pléonasme sans paralogisme !

-« pire » est le comparatif  et « le pire » le superlatif de l'adjectif « mauvais ». Il sont les équivalents exacts de « plus mauvais », et « le plus mauvais », qu'on peut tolérer bien qu'ils soient superfétatoires.

-Dans la même collection, nous disposons de « moindre » et « le moindre » comme équivalent de « plus petit », « le plus petit ». Mais d'un usage plus rare et non systématique : « La fourmi n'est pas prêteuse, / C'est là son moindre défaut. » Mais dira-t-on : « C'est le moindre des élèves de la classe. » pour « le plus petit » ? Fort peu probable !


## Pis, au pis , *au pire


- « *Au pire, nous arriverons à dix heures ».

Il faut employer l'adverbe : «Au pis », quelque archaïque qu'il puisse vous paraître, car autrement vous commettez un grave solécisme !

En effet,  vous ne dîtes pas « au meilleur » mais « au mieux » : « nous ferons au mieux » ( « *nous ferons au meilleur » !!!). Dans le premier exemple, l'adjectif au superlatif (pire) détermine le verbe « arriverons ». Un adjectif ne peut déterminer un verbe ! Seul un adverbe a cette faculté ( « au pis »).

# Pléonasmes
## et quelques remarques adjointes
## en bonus

1) pléonasme du pronom « y » : «*La tour de Londres constituait pour Charles d'Orléans une prison où il s'y plaisait tant qu'il y demeura vingt-six ans. » « y » est un pronom personnel complément (ici circonstanciel de lieu) ; or ce lieu était déjà indiqué par le pronom relatif « où » dont l'antécédent est « prison ». Dans cas le pronom « y » doit donc être absolument banni comme pléonastique.

2) Pléonasme dans la relative introduite par « dont » : « *la femme dont je te parle d'elle. » Sans commentaire. Le pronom relatif « dont » est complément d'objet indirect de « parle »).

3) pléonasme du pronom « en » : J'en ai acheté plein des Balzacs (métonymie pour des romans dudit auteur). L'information est redondante : les romans de Balzac (les Balzacs) n'ont pas besoin d'être annoncés par le pronom COD « en ».

Sauf si vous voulez créer un effet de style. Mais dans ce cas la construction doit être nettement segmentée : « Des Balzacs, j'en ai acheté plein » ou « J'en ai acheté plein, des Balzacs » (ou, plus stylé et plus acrobatique : « J'en ai acheté, des Balzacs, plein ! »). Plus difficultueux : « *J'en ai, des Balzacs, acheté plein ! »

Rappelons qu'on est autorisé depuis 1976 à accorder le participe passé avec « en » s'il est COD : donc ici à inscrire des « s » à tous les « acheté » (cf. articles sur les participes passés).

Notons au passage que « plein » s'emploie en registre non familier (donc soutenu ou courant) pour des quantités indénombrables, ce qui n'est pas le cas ici. Il vaudrait mieux (et non *il faudrait mieux, car il est question ici de valeur et non d'obligation -valoir vs falloir), donc, il vaudrait mieux dire  (il vaudrait mieux que vous dissiez !): « J'ai acheté beaucoup de mangas. » ou -mieux !- « j'ai acheté nombre de mangas, j'ai lu quantité de Balzac et ai dévoré force Zola. »

Mais : « Il y a plein de solécismes et de paralogismes dans ma copie ! ». En effet, on ne les saurait compter (ou, plus courant, « on ne saurait les compter »)!

Quant à savoir si l'on doit mettre une « s » à Balzac pour désigner ses romans, je pense que l'un et l'autre se disent (ou : l'un ou l'autre se dit !). Rappelons-nous : « ni laxisme, ni purisme ! », telle est notre devise !

# Prédicat et copule

Brûlant leurs vaisseaux, les seconds et troisièmes couteaux[35] du ministère de l'Education nationale, prétendent en finir une bonne fois pour toute avec le vénérable complément d'objet direct, terme né des œuvres des grammairiens Brunot & Bruneau au début du XXe siècle [36] mais dont le concept remonte à 1709 sous l'appellation divertissante de « régime absolu » (il est vrai que la monarchie l'était en ce temps-là). En réalité, il faudrait remonter -mutatis mutandis- à l'accusatif du grec et du latin.

A cette fin, ces messieurs -et ces dames- de la rue de Grenelle (métonymie pour votre ministère de prédilection) se sont plu à jouer aux logiciens en recourant au terme de « prédicat » qui correspond à ce qu'on dit du thème (« La France va mieux » = thème (la Fr) + prédicat ou propos (va mieux). On ne voit guère l'intérêt de troquer une nomenclature qui a fait ses preuves (le COD et le COI se définissent par une série de

---

[35] Se dit au théâtre ou à l'opéra des personnages secondaires, chargés le plus souvent des basses œuvres (des crimes, en l'occurrence contre la grammaire et l'instruction publique). Quant aux vaisseaux brûlés, il s'agit de ceux d'Hernan Cortès, qu'il ordonna de détruire pour ne pas être tenté de renoncer à la conquête du Mexique. Mais la métaphore d'Attila -sous les pieds des chevaux duquel l'herbe ne repoussait jamais- ne serait-elle pas finalement plus adaptée ?
[36] Si on se souvient bien (quant aux auteurs).

propriétés aisément repérables : ni supprimables ni mobiles, susceptibles d'être pronominalisés (par ex par « le » ou « lui ») ou (pour le seul COD) de devenir sujet de la voie passive).

Il ne paraît pas qu'il soit au-dessus des aptitudes intellectuelles d'Homo Sapiens Juvenis Juvenis de saisir les différences entre compléments d'objet, attribut, compléments circonstanciels … A moins qu'on veuille poursuivre la tendance franchement baissière du QI des Français, telle que récemment mesurée.

Cerise  acidulée sur le gâteau amer de la grammaire décomposée, la notion de *prédicat* implique dans le cas des verbes d'état (être etc.) le recours à celle de … *copule* ! « Cette caille est appétissante » = thème (cette caille) + copule (est) + prédicat (appétissante) … De là à vous donner des idées peu grammaticales…

# Q

## Quant, quand et qu'en

-quant à (préposition) : à propos de, au sujet de: doit toujours être préférée à « pour ce qui est de » ou « pour ce qui concerne… », toutes expressions d'une insigne lourdeur. « Quant au sujet qui nous intéresse aujourd'hui… »

-quand : conjonction temporelle. Le « d » final se prononce en liaison mais comme un « t ». « Quand Adalgisa entra dans la chambre… »

-qu'en (pronom interrogatif « que » + pronom personnel COI : « Qu'en pensez-vous ? ».

## Quarteron

Le dimanche 23 avril 1961, à huit heures du soir, dans une atmosphère de tragédie, le général De Gaulle, premier président de la Ve république, dénonça dans une fameuse intervention radiodiffusée une tentative de

« pronunciamiento [37] » d' « un quarteron de généraux en retraite... un groupe d'officiers partisans, ambitieux et fanatiques » favorables à l'Algérie française [38].

Il commit ainsi apparemment -aux yeux des puristes constipés et des pisse-froid- une faute insigne. En effet, un « quarteron » désignait jadis, dans les colonies, une personne dont un seul des grands-parents était noir. Donc, rien à voir avec un quatuor ou un quadrige. Si les officiers félons avaient été huit, sans doute eût-il dénoncé un « octavon de généraux. » !

Cependant, la force du verbe gaullien était telle que désormais la faute -évidemment voulue pour créer un effet de sidération plus puissant qu'une pluie de missiles- devint la norme ! Comme quoi, si « la grammaire régente jusqu'aux rois », elle n'étendait pas son empire au Général De Gaulle, qui la remodelait à son gré et savait recourir aux mots comme à des armes!

---

[37] Coup d'état, putsch, golpe.

[38] D'ailleurs, puisque il est question de tragédie, le sextuple sauveur de la France (1940, 1944, 1945, 1958, 1961, 1968) assistait ce soir-là en compagnie de son inséparable ministre de la culture, le «colonel » Malraux, à la première (nouvelle interprétation) de Britannicus, tragédie de Jean Racine. Il quitta la loge présidentielle et, depuis le foyer de la Comédie française, transformé en QG de campagne, mata la rébellion au son des alexandrins de l'acteur Jean Marais qui incarnait Néron !

On peut donc dire : « Nous sommes tombés sur un quarteron d'Apache(s) » (soit quatre loulous aux mines patibulaires ; soit un demi-métis de Nord-Amérindien ressortissant à ladite tribu -dans ce cas « Apache », au singulier) ; « un quarteron de trublions sera déféré devant le conseil de discipline » (ici pas d'ambiguïté) ; « un quarteron de primo-candidats défaits » ...

<br>

# Qui est-ce qui/ Qui est-ce que
# Qu'est-ce qui/ Qu'est-ce que
# Ce qui/ Ce que

-« Je me demande *qu'est-ce *qui va nous arriver cette année. » Solécisme par pléonasme de l'interrogation. Faute fréquente et d'une insigne lourdeur.

La valeur interrogative est à la fois marquée par le verbe introducteur (« demander ») marquant une interrogation indirecte et par le pronom relatif composé « qu'est-ce qui », qui, lui, relève de l'interrogation directe (« Qu'est-ce qu'il va nous arriver ? »). Bref, on ne sait plus sur quel pied danser. Et on ne sait plus quelle intonation -

ascendante ou descendante- adopter. C'est l'anarchie syntaxique et prosodique !

L'interrogation indirecte réclame : « Je me demande _ce qu'il_ va nous arriver... ».

-Entraînons-nous : -« L'élève veut savoir _ce qu'il_ faut penser de la vie et de la mort (!) » (« *...qu'est-ce qu'il faut penser... »).

-« Xi Jinping s'inquiète _de ce qu'il_ pourrait se produire en Corée-du-Nord. » (« *... de qu'est-ce qu'il pourrait... »).

-« Paul n'ignore pas _ce que_ pense Pierre » (*...qu'est-ce que pense... »)

-En revanche, dans le cas où la question porte sur une personne, l'on dispose d'une option soutenue (-« Pierre allait partout demandant qui le consolerait de ses déboires amoureux. » et d'une option courante « ... qui est-ce qui le consolerait ... ».

-autre solécisme : « *C'est _qui qui_ m'accompagne au bal de la RATP ? Est-ce Kiki ? » ou « *_Qui qui_ m'accompagne ? Kiki ? » (registre très relâché !) au lieu de « Qui m'accompagne ? » ou « Qui est-ce qui m'accompagne... ? »

-Précisons : « Qui est-ce qui » et « Qui est-ce que » porte sur des personnes, soit sujet (première formule), soit complément d'objet direct (seconde formule).

Et « Qu'est-ce qui »/ « Qu'est-ce que » sur des inanimés (ou des animés-animaux non familiers) (sujet/cod) : « _Qui_ est-ce qui gratte à la porte ? -C'est Mistigri » vs « _Qu'_est-ce qui a dévasté le champ de papy? -des sangliers ! »

Tous ces pronoms interrogatifs forment une véritable déclinaison.

# R

## Relatives (propositions subordonnées)

Expansion du groupe nominal et donc appartenant à la phrase simple, contrairement à la subordonnée conjonctive, la proposition subordonnée relative (PSR) -introduite par les pronoms relatifs « qui, que, quoi, dont, où, lequel et ses dérivés »- vous évitera d'abord la lourdeur des répétitions. Elle vous permettra surtout de construire une formulation plus synthétique et plus lisible. Rien n'est plus fâcheux et fastidieux que la lecture d'une succession de petites phrases juxtaposées ou simplement coordonnées là où une seule phrase permet l'exposé en continu de « votre pensée » !

1) Soit l'exemple suivant emprunté à l'élève Edouard P. ressortissant d'une classe de première économique et sociale : « Actuellement, la technique

triomphe *sur* la nature. La technique est indispensable dans le monde d'aujourd'hui. Elle a permis à l'homme de faciliter son mode de vie. La technique nous a avantagés dans plusieurs domaines, mais celle-ci a été également source de plusieurs conflits. »

==) (première simplification, strictement technique) « Actuellement, la technique, jugée indispensable dans le monde d'aujourd'hui, et qui a permis à l'homme de faciliter son mode de vie et nous a avantagés dans plusieurs domaines, triomphe *sur* la nature. Cependant, elle a été également source de plusieurs conflits. »

Soit : début de la principale avec apposition d'un groupe participe passé + 2 PSR « attelées » (« et nous ») + fin de la principale avec son verbe + reprise par une seconde phrase marquant ainsi nettement l'opposition. Deux phrases -dont une longue- là où on en supportait quatre, toutes juxtaposées !

==) (seconde transformation, principalement stylistique) : « De nos jours, la technique -jugée nécessaire par la majorité de nos contemporains- qui a permis à l'homme de faciliter son existence et lui a procuré maints avantages dans maints domaines, triomphe de la nature. Cependant, cette suprématie ne va pas sans poser de problèmes. »

Plusieurs mots ont été changés par d'autres plus précis, la construction du verbe « triompher » (« de » et non « sur ») a été rectifiée et le pléonasme « aujourd'hui » liquidé. Il serait même souhaitable de se débarrasser du groupe participe (« jugée nécessaire... »), lequel alourdit la phrase sans apporter grand-chose de plus.

2) Soit un second exemple (du même auteur !) : « Dans ce mode de vie (primitif), il n'y a pas de hiérarchie comme dans notre société. Dans notre société, il n'y a pas d'égalité, chaque individu est jugé selon son statut social... »

==) « Dans ce mode de vie, les hiérarchies sont absentes, contrairement à notre société dans laquelle l'égalité est inconnue, chaque individu étant jugé selon son statut social... »

On a conjoint deux indépendantes - initialement affligées d'une répétition très lourde- grâce à la relative introduite par « dans laquelle ». On notera aussi le passage de l'indicatif au participe présent pour le dernier verbe de façon à suggérer plus nettement le rapport de causalité (sous-entendu : « parce que chaque individu est jugé selon son statut social, on peut dire qu'il n'y a pas d'égalité »). On a enfin éliminé les deux « il y a ».

On remarquera également -et c'est important, car la « faute » est très fréquente- qu'on ne doit pas dire « comme » quand on veut exprimer une idée contraire, mais « au contraire de » « contrairement à » « a contrario », ou « à l'inverse de » etc. « Comme » exprimant une analogie, une similitude, une identité...

Reprenons la phrase d'origine. « Dans ce mode de vie, il n'y a pas de hiérarchie comme dans notre société ==) « Dans ce mode de vie, il n'y a pas de hiérarchie, contrairement (et non comme dans le nôtre) au nôtre » ou « Dans cette société, il n'y a pas de hiérarchie contrairement à la nôtre. ». On ne peut en effet comparer que ce qui est comparable : or un « mode de vie » et « une société » ne sont pas synonymes ! Le puriste aurait donc raison et serait ainsi logicien et non point pédant !

Bref, on voit que le pain ne manque pas sur la planche de votre syntaxe et sur le plateau insuffisamment ouvragé de votre style[39] !

---

[39] Car, bien entendu, la majeure partie des candidats au Bac commet des fautes de la même farine !

# Restrictives (tournures)

On observe dans vos copies de plus en plus souvent -et pour tout dire dans des proportions inouïes- l'emploi impropre ou abusif de tournures restrictives quand vous voulez énoncer en réalité un jugement positif.

- « *Renan ne fait que confiance à la science » ==) « Renan manifeste une confiance absolue en la science ».

- « *La vie des Tupinambas n'est qu'idéale : ils ne passent leur temps que dans les loisirs et ne mangent que bio» ==) «leur vie est toute idéale, ils passent tout leur temps dans les loisirs et mangent exclusivement du « bio ». »

- « *leurs occupations ne leur servent qu'à vivre » ==) « toutes leurs activités sont tournées vers la satisfaction de leurs besoins naturels ».

- « *la pollution de l'air n'est pas que catastrophique au niveau écolo mais aussi au niveau sanitaire» ==) « la pollution n'est pas seulement catastrophique sur le plan (et non au niveau) écologique, mais aussi dans le domaine sanitaire. »

Or, dans une tournure restrictive, il y a une négation qui, a priori, atténue le jugement de valeur positive. Ces emplois sont donc illogiques.

Il est vrai que dans un registre lyrique (et donc soutenu), il est loisible de recourir à des tournures restrictives dont la valeur positive ne fait aucun doute : « La Femme n'est qu'amour, espérance, fidélité, bonté et beauté. » Mais on est là dans le langage mystique, pas dans l'analyse rigoureusement objective du réel !

Bref, vous réserverez ces tournures coefficientées d'une valeur positive pour votre poésie amoureuse à caractère privée et dont vos professeurs n'ont pas à connaître, non pour vos commentaires et dissertations !

# S

## « Sans » dans
## « vous n'êtes pas sans ignorer »

-2 négation = 1 affirmation. Fort maladroit quand on veut dire « vous n'êtes pas sans savoir ». Sinon cruellement ironique ! Donc, dites « vous n'êtes pas sans savoir ».

## Savoir gré

-« *je vous serai gré » : double faute, le futur au lieu du conditionnel (requis par la politesse, le futur ayant une valeur comminatoire), le verbe être au lieu du verbe savoir (savoir gré). Dites : « je vous saurais gré de... »

# Soi-disant

-i.e. : en se disant soi-même (être untel ou posséder tel titre.) Donc, « un soi-disant prince russe », « un soi-disant génie», mais « *il s'est soi-disant trompé de chemin » pour « il s'est prétendument trompé de chemin. », « *de soi-disant bons résultats » pour « de supposés bons résultats » etc.

-et donc attention à l'orthographe : « soi » est pronom personnel réfléchi, par forme du subjonctif du verbe être « soit ». Ce serait redoubler les fautes.

# Solécisme

Du grec *solokoismos*, du nom de la ville de Soles, en Asie mineure (actuelle Turquie) où la population avait la réputation de massacrer la syntaxe du grec de référence (celui de l'Attique). Désigne une faute de syntaxe.

# Solécismes par mésusage du subjonctif

1) solécisme redoublé d'un paralogisme « *le fait qu'il *soit* ». Le subjonctif étant le mode du virtuel, c'est une erreur (fréquente) de l'employer après un constat (« le fait que »).

2) solécisme orthographique muet gravissime et très fréquent : «*avant qu'il n'est fini ». Confusion entre « avoir » et « être ». Donc, « qu'il n'ait... » (subjonctif).

3) solécisme par recours au subjonctif après la conjonction de subordination « après que ».  On doit dire : « après qu'il a fait son travail, après que nous sommes venus, après que vous eûtes soupé » au lieu de « *après qu'il ait fait, *après que nous soyons, *que vous eussiez soupé » : en effet, le procès (ce qui est indiqué par le verbe) de la subordonnée temporelle a bien été réalisé ou devra l'être impérativement, donc on ne doit pas employer le subjonctif qui est le mode du virtuel (en revanche et logiquement : « avant qu'il n'ait compris ». Car il y a incertitude sur la réalisation du procès (comprendre)).

4) solécisme par omission du subjonctif après un superlatif (ou une forme assimilée). Dites : le plus beau pays que je connaisse, le pire président qu'on ait connu jamais, le plus rare oiseau qui soit, c'est

la plus belle fille que j'ai_e_ eue, le seul homme qui soit capable de sauver la France etc.

Le subjonctif est pourtant le mode du virtuel et ces exemples semblent énoncer un fait « actuel » (réel): il faut donc entendre que parmi les pays (les ministres, les oiseaux, les filles...), donc parmi un ensemble fini mais non précisément déterminé ni entièrement connu, celui (ou celle) dont on parle est potentiellement  le plus beau, le plus médiocre, le plus rare etc. Mais peut-être n'avons-nous pas fait un recensement complet : il demeure donc -semble-t-il- une très légère incertitude sur la réalité du superlatif (d'où subjonctif, mode du virtuel). Par exemple, Albert Lebrun n'aurait-il pas été par extraordinaire un président encore pire que celui que suggérait notre exemple?

5) solécisme par omission du subjonctif après un antécédent indéterminé : « Il n'y en a <u>aucun</u> qui sache la réponse à cette lancinante question. » ; « la France cherche <u>un</u> chef qui en soit un ; elle aimerait <u>quelqu'un</u> qui la protégeât et en fît à nouveau la première puissance de l'Europe » (on a commuté l'imparfait du subjonctif pour montrer qu'il s'agirait au présent d'un subjonctif et non d'un indicatif : « quelqu'un qui la protège ».) La France le cherche et le veut, mais existe-t-il cet homme providentiel ? D''où le subjonctif.

# T

## Temps réel

-« Vous allez pouvoir assister au match France-Nouvelle Zélande en *temps réel.* »

Que pourrait donc bien être un temps *irréel,* en dehors du rêve ou du délire ?

 Le dictionnaire Lexis donne comme premier sens (et donc sens fondamental) au mot « temps » : « Milieu où se succèdent et se déroulent, de façon irréversible, toute existence tout phénomène, tout événement, et caractérisé par la succession des jours, des nuits, des saisons : l'irréversibilité du temps etc. »

Le temps est donc durée et succession. Il est mesuré -sauf le temps psychique par essence subjectif- par une série d'unités, comme la seconde, la minute, l'heure, la journée, le mois, l'année, le siècle ou le millénaire...

Ainsi, si le match contre les All Black était diffusé en différé, le temps n'en serait pas moins réel que s'il l'était en direct (surtout pas en live, il ne manquerait plus que ça !). Dit-on d'ailleurs d'un match en différé qu'il est diffusé en temps irréel ?

Bref, cette expression est un non-sens. On la fustigera sans ménagements.

## Trans-genrisme de trois substantifs

-un amour douloureux, de douloureuses amours.

-un délice vain, de vaines délices.

-un orgue majestueux, des orgues majestueuses.

Il n'y a pas de justification, c'est le bon usage. C'est tout ! Les esprits forts et les fortes têtes -ou les demi-habiles dont parlait Pascal (Blaise)- se référeront au premier exergue !

# V

## Vendéismes

On se propose de nommer ainsi les solécismes par effacement systématique du subjonctif, tels qu'ils sont pratiqués dans la contrée de référence :

- «J'ai peur que nous *manquons le coche.» ; « Il faudra que tu *prends le train » ; « Faut que tu *conduis la vache au taureau. » ; «Sache, mon enfant, que not' bon maît' veut qu'on lui *obéit en tout, qu'on *sert le roué sans barguigner et qu'on *rend ses d'vouérs au Bon Diou tous les jours qu'I' fait. »

-vendéisme commun : « C'est la plus belle fille qu'il *a connue. ». « Qu'il _ait_ connue ! », palsambleu !

## Voire

L'adverbe *voire* (du latin *vera* (adv.) formé sur l'adjectif *verus* (vrai)) apparu en 1155 sous la forme *veire* (Lexis) n'a rien à *voir* avec son homonyme homophone *hétérographe[40], le verbe « voir » (latin *videre* ( *video* = je vois) !

Il signifie en français classique « vraiment, véritablement » et aujourd'hui « et même », « et aussi » à fins de renchérissement mais avec un degré variable d'incertitude : « Il triomphera de ses rivaux, voire dès le premier tour de scrutin. »

« Voire même » est donc un pléonasme à prohiber.

# Voiture

-« *Les voitures sont une source majeure de pollutions diverses. » On ne sache pas qu'une voiture hippomobile ou une voiture d'enfant -ou une voiture d'infirme ou une voiture à bras- pussent émettre du $CO_2$ et autres polluants !

Le mot vient du latin *vectura* (transport) mot de la même famille que *vector* ( celui qui transporte) -et qui a donné *vecteur* en mathématiques et se retrouve dans d'autres domaines (le rat, vecteur de la peste ; un vecteur nucléaire telle une fusée

---

[40] *Non homologué !*

intercontinentale) avec un sens très proche de vectura.

Le mot « voiture » (apparu ca 1200 en français) désigne tout mode de transport, y compris maritime ou fluvial, tant de personnes, que de marchandises  ou la charge transportée elle-même (« une voiture de blé » pour une charrette ou un wagon transportant cette céréale). Au lieu de parler de « vaisseau spatial », on eût aussi bien pu imaginer d'inventer le terme de « voiture spatiale » !

Le plus souvent,  dans le domaine du transport ferroviaire on oppose cependant le wagon (pour les marchandises) à la voiture (pour les passagers) : « en voiture ! » et non « *en wagon ! ». Il est en effet considéré comme impropre de parler de wagon pour le transport des personnes.

Il n'y a donc pas lieu de s'étonner de l'emploi du mot voiture bien avant l'apparition (au tout début du XXe siècle) de la voiture automobile, ou automobile ou, par abréviation supplémentaire, auto. On notera d'ailleurs que ce dernier mot s'emploie fort curieusement et fort avantageusement de moins en moins en français : le vieux mot de voiture le remplace presque toujours et l'on ne l'entend quasi plus (« le stationnement des autos est un problème urbain. ») alors que l'usage en était très fréquent il y a quelques décennies. La raison en-est-elle qu'il s'agit d'un barbarisme savant (grec+latin), par surcroît abrégé? Apparemment davantage conservé en allemand : « Das Auto ! ».

En revanche, la *voiture d'enfant* est souvent supplantée par le terme enfantin et pour tout dire un peu puéril de *poussette*.

Pour en finir avec nos considérations automobilistiques (ou non), notons, outre l'élégant verbe *voiturer* (« Nous fûmes voiturés par un aimable cicérone. »), l'expression encore attestée au XXe siècle d' « *emmener quelqu'un en voiture* » pour « lui en faire accroire », ce qui nous renvoie à notre première entrée.

23 février MMXVII

revu 20 octobre MMXVIII

# Brève bibliographie

Les trois premiers ouvrages seront considérés comme incontournables.


-Larousse de la Langue française, Lexis, sous la direction de Jean Dubois (1979/2016), dictionnaire par racines, le plus complet en un seul volume.

-Dictionnaire historique de la langue française sous la direction d'Alain Rey (1992/2016), deux volumes. La référence absolue.

-Grammaire d'aujourd'hui par M Arrivé, F Gadet, M Galmiche, Flammarion (1ère ed : 1986)

-La Nouvelle Grammaire du Français par J. Dubois et R. Laganne, Larousse, 1991

-Grammaire de l'ancien français par Pierre Guiraud, Klincksieck

-Le Bon Usage, par Maurice Grevisse, Duculot

-Dictionnaire de l'ancien français par A. J. Greimas, Larousse, 1968

-Dictionnaire du français classique par J. Dubois et alii, 1971

-Le Nouveau Littré (dictionnaire du XIXe, actualisé) 2004

-*Dictionnaire Grec-Français*, par V. Magnien et M. Lacroix, Belin.

-*Dictionnaire Latin-Français* abrégé par F. Gaffiot et V. Magnien, Le Livre de Poche (ou version complète par le seul Gaffiot).

-*English Oxford Dictionary* (pour bien mesurer l'apport du français à l'anglais).

-*100 anglicismes à ne plus jamais utiliser* par Jean Maillet (Ed. Le Figaro littéraire, 2016) (petit ouvrage plaisant à consulter)

# Table des entrées

www.ingramcontent.com/pod-product-compliance
Lightning Source LLC
Chambersburg PA
CBHW051452250726
48655CB00001B/368